你好! 취미 중국어

※ 중국어 발음 음원은 QR코드 스캔 후 웹하드 로그인(ID: hakgobang1 / PW: hakgobang)
⇨ 게스트폴더(PW: 1111) ⇨ 취미중국어에서 다운로드 받으시기 바랍니다.

你好! 취미 중국어

趣味汉语

재미있는 중국어

리우 나 刘娜 지음

你叫什么名字?
这是什么?
你最近怎么样?
一共多少钱?

인터북스

머리말

중국어를 가르치면서 늘 한 가지의 고민을 하게 됩니다. 중국어를 배워 볼까 시작하려는 학습자들이 중국어를 배우다가 아휴! 생각보다 좀 어렵네 라고 하면서 중도에 포기하지 않도록 하는 방법을 찾는 것입니다. 그 중에 하나가 쉬우면서도 재미있게 공부할 수 있는 교재를 만드는 것입니다. 책을 펼쳐 보고 아하! 중국어는 이렇게 배우면 되는 거구나 라는 생각이 들 수 있도록 쉽고 재미있게 배웠으면 하는 생각으로 이 책을 쓰게 되었습니다.

중국어를 배우면서 가장 어렵다고 느낀 부분은 바로 한자와 어법이겠죠. 따라서 한자 부분에 한국 한자와 비교하면서 간체자를 이해하면서 올바르게 써 보기 코너를 마련했고, 어법은 최대한 표로 일목요연하게 정리해 봤습니다. 재미있는 퀴즈는 본문뿐만 아니라 어법에서도 속속 등장합니다. 퀴즈를 풀어보며 나름대로의 묻기&답하기를 만들어 보는 것도 괜찮을 거예요.

이 책의 제목은 취미 중국어로 정했는데 첫째는 취미가 무엇이니? 에 대한 답으로 취미가 중국어야! 라고 대답했으면 좋겠다는 저자의 욕심이 살짝 들어갔고, 둘째는 취미의 한자가 趣味이고 '재미있다'의 뜻이어서 중국어를 좀 재미있게 배워보자 라는 저자의 집필 동기가 스며들었기 때문이에요.

중국어에서는 '一分耕耘, 一分收获(yì fēn gēngyún, yì fēn shōuhuò)!'라는 명언이 있습니다. 공을 들인 만큼 성과를 거두는 법이지요.

중국어의 세계에 들어오려고 하는 여러 분, 환영합니다.

이 책이 여러분을 중국어 매력에 빠져 들게 하고, 여러 분의 중국어 실력 향상에 도움이 되었으면 합니다. 여러 분을 응원합니다! 加油(jiāyóu)!

목차

학습 내용

주제	중국어 표현	주요 어법	중국 문화
중국어의 발음	성모, 운모, 성조	중국어 기본 상식 중국어 성조 중국어 성모와 운모 성조 변화 격음 변화 및 얼화	
01 안녕하세요!	你好！ 再见！ 谢谢！ 对不起！	인칭대사 만날 때 인사 헤어질 때 인사	중국 개요 한국 & 중국의 인사 예절
02 요즘 어떻게 지내시죠?	你好吗？ 你最近怎么样？ 你学习累吗？	你好！& 你好吗？ 형용사술어문 '吗' 일반의문문	중국 대표 관광지
03 이름이 어떻게 되세요?	老师，您贵姓？ 你叫什么名字？ 认识你，很高兴。 你是哪国人？	이름을 묻는 표현 **是**자문 부사 **也**와 **都**의 용법	외래어 표기법
04 올해 나이가 어떻게 되세요?	你今年多大？ 真好！我们同岁。 他是谁？	나이를 묻는 표현 숫자 읽는 법	남자 친구와 남자 사람 친구
05 이것은 무엇인가요?	这是什么？ 这是谁的书？ 对，是我的手机。	지시대사 **这**와 **那**의 용법 **的**의 용법	전지 공예
06 가족이 몇 명인가요?	你家有几口人？ 你家都有什么人？ 你有兄弟姐妹吗？	**有**자문 **和**의 용법 가족 구성원 명칭	중국의 인구 정책
복습 01~06	01~06 단어 및 회화 표현		

주제	중국어 표현	주요 어법	중국 문화
07 어디에서 일하세요?	你哥哥做什么工作？ 他在哪儿工作？ 一般在学生食堂吃。	전치사 在의 용법 정반의문문	여러 직장 및 직업 명칭
08 오늘은 몇 월 며칠인가요?	今天几月几号？ 今天星期几？ 我一会儿有专业课。	날짜 표현 요일 표현 명사술어문	생일 문화
09 몇 시에 수업하나요?	现在几点？ 你几点跟朋友有约？ 什么时候下课？	시간 표현 연동문 하루 일과 소개	12시진 & 24시간
10 모두 얼마예요?	西瓜一斤多少钱？ 苹果怎么卖？ 一共多少钱？ 太贵了，便宜（一）点儿吧。	금액 표현 조동사의 용법 几와 多少의 차이	중국 화폐 소개
11 은행이 어디에 있나요?	请问，银行在哪儿？ 一直往前走。 不太远，走五分钟吧。	방위사 在와 有의 용법 차이 去……怎么走？의 용법	방향을 나타내지 않는 방위사
12 마포더우푸 하나 주세요!	今天我请客！ 你们要点什么菜？ 还要别的吗？	好吃 류 형용사의 용법 请의 용법 来의 용법	중국 대표 음식
복습 07~12	07~12 단어 및 회화 표현		

이 책의 특징

❶ 쉬워 보이도록 만들기:

◎ 대화 부분 주로 4문장씩 구성, 병음 표기 없이 스스로 연습

◎ 대화 내용을 요약 정리한 단문을 통한 말하기 능력 증진

◎ 표로 일목요연하게 정리된 어법을 통한 체계화된 학습

◎ 듣기, 읽기, 쓰기, 말하기 네 파트로 나눠 연습

◎ 사진으로 문화를 배우면서 학습 능력 촉진

❷ 재미있어 보이도록 만들기:

◎ 과마다 명언 한 마디씩 추가
(발음 연습& 원동력 부여)

◎ 과마다 퀴즈로 재미있게 풀어 나가기
(풀어가면서 틀리기 쉬운 부분 기억하기)

◎ 과마다 팁으로 중요한 부분 기술
(궁금증을 해결하면서 더 나아가 배워 가기)

◎ 3과부터 단문 추가
(본인의 실제 이야기를 본인 입으로 말해보기)

◎ 간체자 부분 중점 부각
(한국어 한자와의 차이점에 중점 두기)

◎ 读一读 , 说一说 , 学一学 , 练一练 , 看一看으로 표기
(쉬운 한자 똑같은 형식으로 일괄적 매칭하기)

학습 목표

본 과에서 다룰 내용을 미리 간단히 제시합니다.
학습 전 배울 내용을 알아보세요.

학습 목표
기본 인사 표현
감사와 사과의 표현
인칭대사

명언 한 마디

과의 내용 및 진도에 따라 명언을 선별하여 하나씩 제시하였습니다.
발음도 연습해 보고 의미도 새겨보세요.

명언 한 마디

良好的开始是成功的一半！
Liánghǎo de kāishǐ shì chénggōng de yíbàn!
시작은 반이다.

단어

본문에 나오는 새 단어를 순서대로 수록했습니다.
워크북의 간체자와 함께 한자를 순서대로 써보고 구성 원리로 그 뜻도 유추해 보세요.

단어 读一读

你	nǐ	대	너
好	hǎo	형	좋다; (몸이) 건강하다, 안녕하다
早上	zǎoshang	명	아침

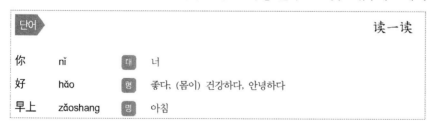

회화

학생들의 일상을 두 개의 짧은 대화문으로 구성하였습니다.

병음 표기 없이 한자만 보고 자연스럽게 읽어보세요.

회화 1 说一说

새 학기가 시작되어, 친구를 만나 인사를 나눕니다.

金秀炫 Jīn Xiùxuàn	你好！ Nǐ hǎo!
王芳 Wáng Fāng	早上好！ Zǎoshang hǎo!

Tip와 Quiz

회화 중간 중간에 팁과 퀴즈를 추가하였습니다.

팁으로 꼭 알아야 할 어법이나 표현을 한 번 더 배워가고, 퀴즈로 혼동하기 쉬운 부분을 재미있게 풀어보면서 정답 맞추기에 도전해 보세요.

Quiz

1 '再见'은 어떤 경우에든 헤어질 때 사용할 수

( ) 1. 예

( ) 2. 아니오

Tip

什么는 '무엇'과 '무슨' 의 의미로 해석되며 의문문을

무엇: 你叫什么？

무슨+명사: 你叫什么名字？

단문

3과부터 회화 내용을 요약하여 짧은 단문을 추가하였습니다.

번역문을 보고 중국어로 스스로 말해보고 말하기 틀로 중국어 실력을 향상시켜 보세요.

단문

자기 소개하기

大家好！认识大家，很高兴！我姓金，叫金秀炫，是韩国人。

Dàjiā hǎo! Rènshi dàjiā, hěn gāoxìng! Wǒ xìng Jīn, jiào Jīn Xiùxuàn, shì Hánguó rén.

我学习汉语。最近还可以，不太忙，也不太累。谢谢！

Wǒ xuéxí Hànyǔ. Zuìjìn hái kěyǐ, bú tài máng, yě bú tài lèi. Xièxie!

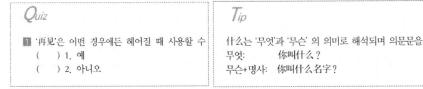

어법

3개 이하의 중요한 어법을 이해하기 쉽게 많은 예문과 함께 설명하였습니다.
팁과 퀴즈를 통해 확실히 이해하고 표로 정리된 어법을 기억해 두세요.

어법 学一学

1 인칭대사

중국어 인칭대사의 종류는 다음과 같습니다. 복수를 나타내는 접미사 们 men은 일반적으로 사람을 가리키는 명사 뒤에만 오고, 它/它们은 동물이나 사물을 가리킬 때 주로 사용합니다.

	단수	복수
1인칭	我 wǒ 나	我们 wǒmen 우리
2인칭	你 nǐ 너	你们 nǐmen 너희들
	您 nín 당신(你의 존칭)	* 您们 (X)
3인칭	他 tā 그	他们 tāmen 그들 (남자 또는 남녀 모두를 지칭)
	她 tā 그녀	她们 tāmen 그녀들
	它 tā 그것	它们 tāmen 그것들

연습

본 과에서 배운 내용을 듣기, 쓰기, 읽기와 말하기 네 영역별 문제를 통해 점검할 수 있습니다.
많이 읽고 써보며 교체 연습을 통해 활용해 보세요.

연습 문제 练一练

1. 녹음을 듣고 빈칸에 운모와 성조를 표시해 보세요.

① m ________ ② k________
③ z________jìn ④ y________
⑤ tóngx________ ⑥ chī________

문화

주제와 관련하여 간단하면서도 재미있는 문화 부분을 사진과 함께 간단히 소개하였습니다.
문화에서 나온 어휘나 표현들 통해 중국어를 넓혀 보세요.

중국 문화 看一看

중국으로 놀러 가면 구경할 만한 곳이 수없이 많이 있습니다. 그 중에서 대표적인 몇 군데만 소개합니다.

베이징: 만리장성
万里长城
Wànlǐ Chángchéng

세계 8대 불가사의의 하나 이며 중국을 상징하는 대표적인 건축물입니다.

워크북

워크북은 간체자 쓰기, 복습 파트와 번역 문제로 나눠 구성하였습니다. 한국 한자와 혼돈하기 쉬운 부분을 인식할 수 있고 복습과 번역 연습을 통해 배운 내용을 익혀보고 활용할 수 있습니다.

쓰고 연습하면서 한 과를 멋지게 마무리해 보세요.

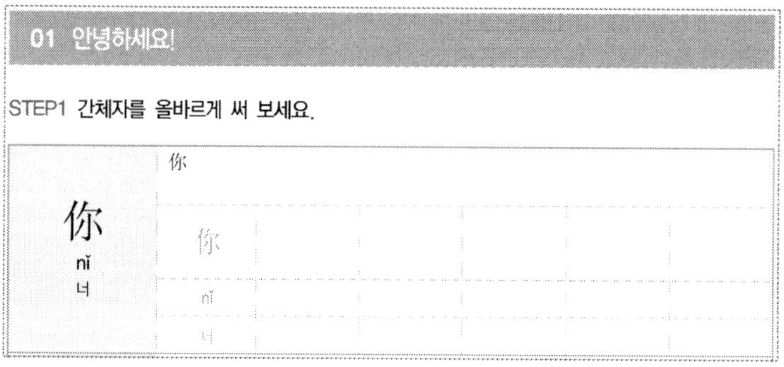
01 안녕하세요!

STEP1 간체자를 올바르게 써 보세요.

你
nǐ
너

• 课堂用语 교실 용어
• Kètáng Yòngyǔ

▶ 教师课堂用语 선생님 용어
Jiàoshī Kètáng Yòngyǔ

① 同学们好！现在开始上课。
Tóngxuémen hǎo! Xiànzài kāishǐ shàng kè.
학생 여러분, 안녕하세요! 지금 수업 시작하겠습니다.

② 请看黑板！/请看PPT！
Qǐng kàn hēibǎn! / Qǐng kàn PPT!
칠판을 보세요!/ PPT를 보세요!

③ 请听我发音！
Qǐng tīng wǒ fāyīn!
제가 발음하는 것을 들어보세요!

④ 请跟我说。/请跟我读。/请跟我写。
Qǐng gēn wǒ shuō./ Qǐng gēn wǒ dú./ Qǐng gēn wǒ xiě.
저를 따라 말해보세요!/ 읽어보세요!/ 써보세요!

⑤ 再听一遍。/再说一遍。/再读一遍。/再写一遍。
Zài tīng yí biàn./ Zài shuō yí biàn./ Zài dú yí biàn./ Zài xiě yí biàn.
한 번 더 들어보세요./ 말해보세요./ 읽어보세요./ 써보세요.

⑥ 有问题请问(老师)。
Yǒu wèntí qǐng wèn (lǎoshī).
문제가 있으면 (선생님께) 물어보세요.

▶ 学生课堂用语 학생 용어
Xuésheng Kètáng Yòngyǔ

① 老师好！
Lǎoshī hǎo!
선생님, 안녕하세요!

② 老师，请您慢一点儿。
Lǎoshī, qǐng nín màn yìdiǎnr.
선생님, 좀 천천히 해 주세요.

③ 请您再说一遍。/再读一遍。
Qǐng nín zài shuō yí biàn./ zài dú yí biàn.
한 번 더 말씀해주세요./ 읽어주세요.

④ 对不起，我迟到了。
Duìbuqǐ, wǒ chídào le.
죄송합니다, 저는 지각했습니다.

⑤ 谢谢老师！
Xièxie lǎoshī!
선생님, 감사합니다!

⑥ 老师，您辛苦了！再见！
Lǎoshī, nín xīnkǔ le! Zàijiàn!
선생님, 수고 많이 하셨습니다! 안녕히 가세요(계세요)!

품사 약어표

일반명사	명	형용사	형	인칭대사	대	전치사	전
시간명사		동사	동	의문대사		접속사	접
장소명사		조동사	조동	지시대사		조사	조
방위사		부사	부	수량사	수량	관용표현	관용
수사	수	양사	양				

▶ **고유명사 표기**

중국의 지명, 인명, 관광명소, 요리는 중국어 발음을 한국어로 표기했습니다. 단, 한자 독음이 더 익숙한 고유명사는 한자 발음으로 표기했습니다.

등장 인물 소개

김수현
金秀炫
Jīn Xiùxuàn
국적: 한국
성별: 남자
23살, 유학생

박주영
朴周英
Piáo Zhōuyīng
국적: 한국
성별: 여자
21살, 유학생

리웨이
李伟
Lǐ Wěi
국적: 중국
성별: 남자
21살, 대학생

왕팡
王芳
Wáng Fāng
국적: 중국
성별: 여자
21살, 대학생

중국어의 기본 상식

00-01

❶ 중국어란?

명칭: 한어(汉语 Hànyǔ), 주로 한족이 사용하는 언어
이유: 다양한 민족(56개)으로 구성되어 있고 한족이 90%이상 차지
표준중국어: 보통화(普通话 pǔtōnghuà)

❷ 한자란?

간체자(약자): 简体字 jiǎntǐzì, 획수를 줄여 간략하게 쓰는 한자. 중국 대륙 사용
번체자(정자): 복잡하게 쓰인 기존의 한자. 한국, 타이완, 홍콩 등 사용

漢語	汉语
번체자	간체자

❸ 한어병음이란?

명칭: 한어병음(汉语拼音 Hànyǔ Pīnyīn)
이유: 한자는 뜻글자이고 한자만 보고 소리 나타낼 수가 없음
표현: 로마자에 성조 부호를 붙여 발음 표시
구성: 음절 = 성모 + 운모 + 성조

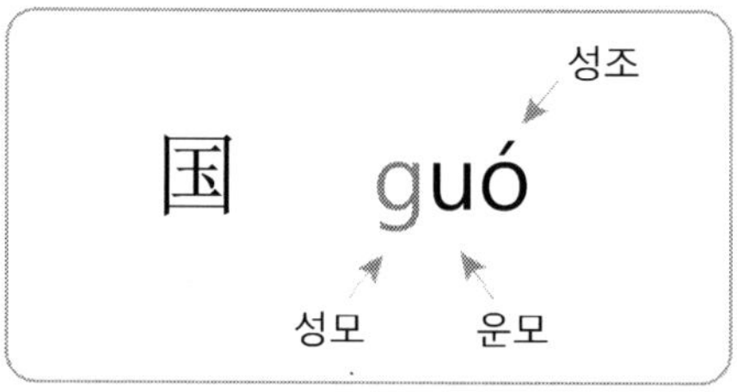

Tip

1 중국어 표준어의 성모는 21개, 운모는 36개, 기본 성조는 4개가 있습니다.
2 성모는 단독으로 발음이 되지 않고 운모와 결합하여 소리를 냅니다.

중국어의 성조

❶ 성조란?

성조(声调 shēngdiào): 음의 높낮이. 음악의 리듬처럼

구성: 4개의 기본 성조

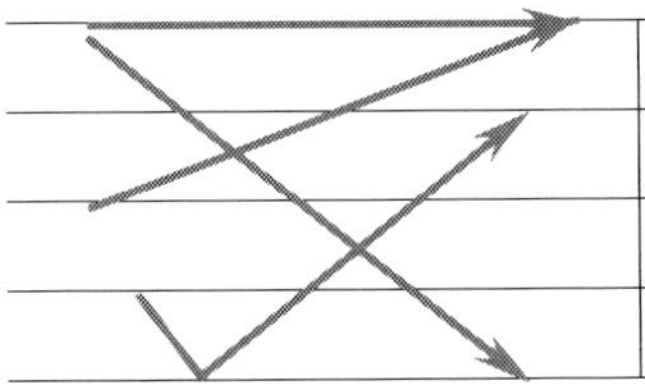

1성: 처음부터 끝까지 높은 음으로 이어감

2성: '왜?'라고 질문하듯이 깔끔하게 올려 줌

3성: '아하!'라고 깨달았듯이 웨이브를 탐

4성: 높은 음에서 낮은 음으로 뚝 내려 옴

❷ 경성이란?

00-02

경성(轻声 qīngshēng): 가볍고 짧게 발음, 성조 표시 따로 하지 않음

발음: 앞의 성조에 따라 음높이가 다름

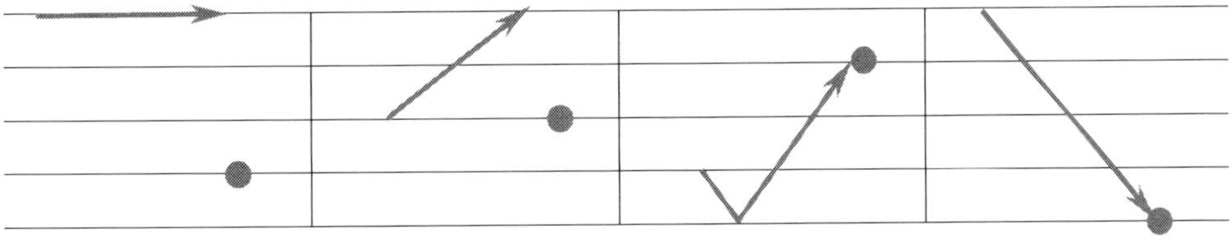

māma 妈妈　　yéye 爷爷　　nǎinai 奶奶　　bàba 爸爸

00-03

Tip

성조가 다르면 의미도 달라집니다.

mā 妈 엄마　　má 麻 삼베　　mǎ 马 말　　mà 骂 꾸짖다　　ma 吗 어기조사

❸ 성조 표시 규칙이란?

(1) 단 운모 위에 표시

여러 개 있는 경우: a>o, e>i, u, ü의 순서

hǎo　　lèi　　guó

(2) 운모 i 위에 성조 표시: i 위의 점 생략

jī　　mǐ

(3) iu나 ui 의 경우: 뒤의 운모 위 표시

liú　　guì

(4) j, q, x + 운모 ü: ü의 두 점 생략

jū　　qù　　xú

중국어의 성모와 운모

❶ 성모란?

00-04

성모(声母 shēngmǔ): 한국어의 자음과 비슷하며 음절의 첫머리 나타냄

분류	성모	발음 규칙
쌍순음	b p m	윗입술과 아랫입술을 붙였다 떼면서 발음
순치음	f [+o]	윗니를 아랫입술에 살짝 댔다가 떼면서 발음
설첨음	d t n l [+e]	혀끝을 윗니 안쪽에 가까이 대면서 발음
설근음	g k h [+e]	혀뿌리를 입천장에 가까이 대면서 발음
설면음	j q x [+i]	입을 최대한 옆으로 벌리고 발음
설치음	z c s [+i]	혀끝을 윗니 뒤쪽에 가까이 대면서 발음
권설음	zh ch sh r [+i]	혀끝을 말아 입천장에 가까이 대면서 발음

❷ 운모란?

운모(韵母 yùnmǔ): 한국어의 모음과 '모음+일부 받침(ㄴ/ㅇ)'에 해당하며 성모의 뒤에 옴

(1) 단 운모

00-05

구성: 6개의 기본 운모

발음 요령: 모음 하나이기 때문에 입모양 변하지 않도록 발음

| a | o | e | i | u | ü |

Tip

i, u, ü 가 단독으로 쓰이는 경우, 각각 yi, wu, yu 로 표기합니다.

예: 一 yī 하나 五 wǔ 다섯 雨 yǔ 비

(2) 결합운모

구성: 두 개 이상의 모음이나, 모음 +n/ng 로 이루어진 운모

발음 요령: 하나의 소리를 내도록 연결하여 발음

a	ai ao an ang	00-06
o	ou ong	00-07

e	ei en eng er

00-08

i	ia(ya) ie(ye) iao(yao) iou(you) ian(yan) in(yin) iang(yang) ing(ying) iong(yong)

00-09

Tip

1. 성모 없이 단독으로 쓰이는 경우, in, ing 앞에 y를 붙이고, 나머지는 i→y로 바꿔 표시합니다.
2. iou는 다른 성모 뒤에 쓰이는 경우, iou→iu로 바꿔 표시하지만 발음은 그대로 합니다.
   예: yǒu diū

u	ua(wa) uo(wo) uai(wai) uei(wei) uan(wan) uen(wen) uang(wang) ueng(weng)

00-10

Tip

1. 성모 없이 단독으로 쓰이는 경우, u→w로 바꿔 표시합니다.
2. uei, uen은 다른 성모 뒤에 쓰이는 경우, uei →ui로, uen→un로 바꿔 표시하지만 발음은 그대로 합니다.
   예: wēi duì wèn kūn

ü	üe(yue) üan(yuan) ün(yun)

00-11

Tip

1. 성모 없이 단독으로 쓰이는 경우, ü 위의 점을 빼고 앞에 y를 붙입니다.
2. 성모 j, q, x 뒤에 쓰이는 경우, ü는 u로 바꿔서 표시하지만 발음은 그대로 합니다.
   예: yuè jué quān xùn

성모 운모 결합표

00-12

	a	o	e	i(-i)	u	ü	ai	ao
b	ba	bo		bi	bu		bai	bao
p	pa	po		pi	pu		pai	pao
m	ma	mo	me	mi	mu		mai	mao
f	fa	fo			fu			
d	da		de	di	du		dai	dao
t	ta		te	ti	tu		tai	tao
n	na		ne	ni	nu	nü	nai	nao
l	la		le	li	lu	lü	lai	lao
g	ga		ge		gu		gai	gao
k	ka		ke		ku		kai	kao
h	ha		he		hu		hai	hao
j				ji		ju		
q				qi		qu		
x				xi		xu		
z	za		ze	zi	zu		zai	zao
c	ca		ce	ci	cu		cai	cao
s	sa		se	si	su		sai	sao
zh	zha		zhe	zhi	zhu		zhai	zhao
ch	cha		che	chi	chu		chai	chao
sh	sha		she	shi	shu		shai	shao
r			re	ri	ru			rao
성모가 없을때	a	o	e	yi	wu	yu	ai	ao

an	ang	ou	ong	ei	en	eng	er	ia
ban	bang			bei	ben	beng		
pan	pang	pou		pei	pen	peng		
man	mang	mou		mei	men	meng		
fan	fang	fou		fei	fen	feng	00-12	
dan	dang	dou	dong	dei	den	deng		
tan	tang	tou	tong			teng		
nan	nang	nou	nong	nei	nen	neng		
lan	lang	lou	long	kei		leng		lia 00-13
gan	gang	gou	gong	gei	gen	geng		
kan	kang	kou	kong	lei	ken	keng		
han	hang	hou	hong	hei	hen	heng	00-14	
								jia
								qia
								xia 00-15
zan	zang	zou	zong	zei	zen	zeng		
can	cang	cou	cong		cen	ceng		
san	sang	sou	song		sen	seng	00-16	
zhan	zhang	zhou	zhong	zhei	zhen	zheng		
chan	chang	chou	chong		chen	cheng		
shan	shang	shou		shei	shen	sheng		
ran	rang	rou	rong		ren	reng	00-17	
an	ang	ou		ei	en	eng	er	ya

중국어의 성조 변화

중국어에서는 성조 변화가 그다지 많지 않으며 주로 편하게 발음하기 위해 생겨난 습관적인 규칙입니다.

❶ 3성의 성조 변화

00-18

(1) 3성 + 3성: 앞의 3성이 2성으로 발음, 3성 그대로 표기

你好 nǐ hǎo　　小写 xiǎo xiě

(2) 3성 + 1성/2성/4성/경성: 반3성(앞부분 온전히 발음+뒷부분 덜 올려 발음)으로 발음, 3성 그대로 표기

老师 lǎoshī　　美国 Měiguó　　好看 hǎokàn　　你们 nǐmen

❷ 不(bù)의 성조 변화

00-19

(1) 不 + 1성/2성/3성: 4성으로 발음, 4성 그대로 표기

不吃 bù chī　　不来 bù lái　　不买 bù mǎi

(2) 不 + 4성: 2성으로 발음, 변한 2성으로 표기

不去 bú qù　　不做 bú zuò

❸ 一(yī)의 성조 변화

00-20

(1) 서수나 단독으로 쓰일 경우: 1성으로 발음, 1성 그대로 표기

一 yī　　一月一号 yī yuè yī hào

(2) 一 + 1성/2성/3성: 4성으로 발음, 변한 4성으로 표기

一千 yìqiān　　一年 yì nián　　一百 yìbǎi

(3) 一 + 4성/4성이 변한 경성: 2성으로 발음, 변한 2성으로 표기

一万 yíwàn　　一个 yí ge

Tip

발음할 때와 표기할 때는 일치할 건지 다르게 할 건지 잘 구별해야 합니다.

중국어의 격음 변화 및 얼화

❶ 격음 변화

00-21

구성: 음절 + a, o, e로 시작되는 음절

표현: 중간에 「'」 부호를 사용

Shǒu'ěr 首尔 Xī'ān

Quiz

1 다음 xiān과 Xī'ān 두 개 음절의 발음은 똑같나요?

( ) 1. 예

( ) 2. 아니오

❷ 얼화(儿 ér)

00-22

구성: 일부분 명사/동사/형용사/대사/양사 + 儿

용도: 친근하거나 귀엽거나 등 감정 표현, 때로는 의미 구별하기도 함

표현: 보통 앞 음절 뒤에 r을 붙임. 주로 베이징 등 북쪽 사람들이 습관적으로 사용

huār yìdiǎnr méishìr zhèr

▶ 중국어 발음 연습

1. 다음 단어를 소리 내어 읽어보세요.

00-23

(1) húdié	yí cì	diànyǐng	yóujú
(2) kěndìng	nǚ'ér	jiāyóu	gōnglüè
(3) shénme	quēshǎo	chōngzú	cǎodì
(4) chūzū	yònggōng	zúqiú	chéngjì

2. 다음 잰 말 놀이를 통해 발음을 연습해 보세요.

00-24

四是四,	sì shì sì,
十是十,	shí shì shí,
十四是十四,	shísì shì shísì,
四十是四十。	sìshí shì sìshí.

01 你好！

Nǐ hǎo！

안녕하세요!

학습 목표

기본 인사 표현

감사와 사과의 표현

인칭대사

명언 한 마디

01-01

良好的开始是成功的一半!

Liánghǎo de kāishǐ shì chénggōng de yíbàn!

시작은 반이다.

단어

01-02

你	nǐ	대	너
好	hǎo	형	좋다; (몸이) 건강하다, 안녕하다
早上	zǎoshang	명	아침
再	zài	부	또, 다시
见	jiàn	동	만나다
明天	míngtiān	명	내일
谢谢	xièxie	관용	감사합니다, 고맙습니다
不客气	bú kèqi	관용	천만에요
对不起	duìbuqǐ	관용	미안합니다
没关系	méi guānxi	관용	괜찮습니다

회화 1

새 학기가 시작되어, 친구를 만나 인사를 나눕니다.

01-03

金秀炫 Jīn Xiùxuàn	你好！ Nǐ hǎo!
王芳 Wáng Fāng	早上好！ Zǎoshang hǎo!

친구와 헤어지면서 인사를 나눕니다.

李伟 Lǐ Wěi	再见！ Zài jiàn!
朴周英 Piáo Zhōuyīng	明天见！ Míngtiān jiàn!

Quiz

1 '再见'은 어떤 경우에든 헤어질 때 사용할 수 있나요?

(　　) 1. 예

(　　) 2. 아니오

Quiz

2 둘이 언제 만나기로 약속하나요?

(　　) 1. 아침

(　　) 2. 내일

본문 연습

金秀炫	你好！	李伟	再见！
王芳	早上好！	朴周英	明天见！

회화 2

친구에게 감사 인사를 합니다. 01-04

朴周英 Piáo Zhōuyīng	谢谢！ Xièxie!
王芳 Wáng Fāng	不客气！ Bú kèqi!

친구에게 미안함을 표현합니다.

金秀炫 Jīn Xiùxuàn	对不起！ Duìbuqǐ!
李伟 Lǐ Wěi	没关系！ Méi guānxi!

Tip

누구한테 감사함을 표현할 때, '谢谢+호칭' 형식으로 할 수 있습니다. 누구한테 미안함을 표현할 때, '호칭, +对不起' 형식으로 할 수 있습니다.

예: 谢谢老师！

老师，对不起！

老师 lǎoshī 명 선생님

본문 연습

朴周英	谢谢！	金秀炫	对不起！
王芳	不客气！	李伟	没关系！

1 인칭대사

01-05

중국어 인칭대사의 종류는 다음과 같습니다. 복수를 나타내는 접미사 们 men은 일반적으로 사람을 가리키는 명사 뒤에만 오고, 它/它们은 동물이나 사물을 가리킬 때 주로 사용합니다.

	단수	복수
1인칭	我 wǒ 나	我们 wǒmen 우리
2인칭	你 nǐ 너	你们 nǐmen 너희들
	您 nín 당신(你의 존칭)	* 您们 (X)
3인칭	他 tā 그	他们 tāmen 그들 (남자 또는 남녀 모두를 지칭)
	她 tā 그녀	她们 tāmen 그녀들
	它 tā 그것	它们 tāmen 그것들

Quiz

3 '老师' 두 분이 계실 때 어떻게 호칭하나요?

(　　) 1. 您们

(　　) 2. 老师们

2 만날 때 인사

01-06

만날 때 하는 인사 표현은 누구한테 언제 하느냐에 따라 '상대방의 호칭/시간+好' 형식으로도 표현할 수 있습니다.

상대방의 호칭 + 好	
你 大家 老师 老师，您	好！

大家 dàjiā 대 여러분

시간 + 好	
早上 上午 下午 晚上	好！

01-07

上午 shàngwǔ 명 오전

下午 xiàwǔ 명 오후

晚上 wǎnshang 명 저녁

3 헤어질 때 인사

01-08

헤어질 때 하는 인사 표현은 언제 만나느냐에 따라 '만날 시간+见' 형식으로 표현할 수 있습니다.

만날 시간 + 见	
明天 下午 后天 后天晚上	见！

后天 hòutiān 명 모레

Quiz

4 '만날 시간+见' 표현 중, '再'를 사용하나요?

(　　) 1. 예

(　　) 2. 아니오

연습 문제

练一练

1. 녹음을 듣고 빈칸에 운모와 성조를 표시해 보세요. 01-09

① m ________ ② k________

③ z________jìn ④ y________

⑤ tóngx________ ⑥ chīf______

2. 다음에 제시된 발음을 연습해 보세요. 01-10

① fēicháng ② gāoxìng

③ dàxué ④ Shǒu'ěr

⑤ xiězuò ⑥ shénme

3. 다음 문장을 중국어로 써 보세요.

① 좋은 아침!

....!

② 선생님, 안녕하세요!

....!

③ 미안해요!

....!

④ 내일 오후에 만나!

....!

4. 다음 단어를 활용하여 말해 보세요.

① 

你好！

② 

对不起！

중국 개요

명칭 : 중화인민공화국

수도 : 베이징(北京 Běijīng)

면적 : 약 960만 ㎢ (전 세계 4번째)

민족 : 한족과 55개의 소주 민족

행정 구역 : 직할시 4개(베이징, 톈진, 상하이, 충칭), 성 23개, 자치구 5개, 특별행정구 2개

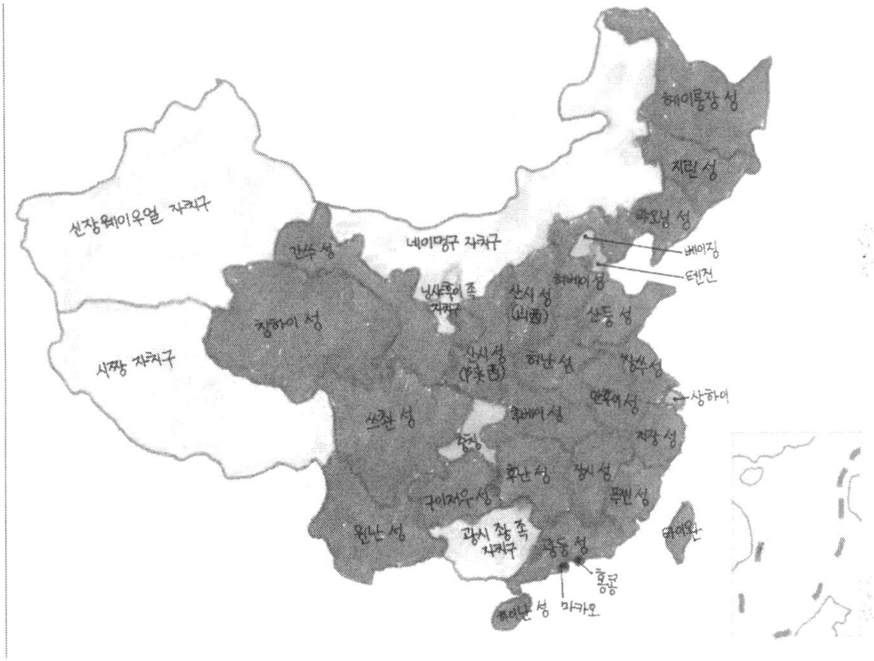

한국 & 중국의 인사 예절

한국 : 두 손을 배꼽 아래에 모으고, 30도 정도 고개를 숙여 인사합니다.

중국 : 가볍게 고개를 숙여 묵례하거나 손을 흔들어 인사합니다.

02 你最近怎么样？

Nǐ zuìjìn zěnmeyàng?

요즘 어떻게 지내시죠?

학습 목표

안부 묻기
형용사술어문
일반의문문

명언 한 마디

02-01

好好学习，天天向上

Hǎohǎo xuéxí, tiāntiān xiàng shàng

열심히 공부해서 나날이 발전하다.

단어

02-02

吗	ma	조	문장 끝에 쓰여 의문을 나타냄
很	hěn	부	아주, 매우
呢	ne	조	문장 끝에 쓰여 의문을 나타냄
也	yě	부	~도, 또한
忙	máng	형	바쁘다
非常	fēicháng	부	대단히, 매우
最近	zuìjìn	명	최근, 요즘
怎么样	zěnmeyàng	대	어떻다
还	hái	부	그런대로, 비교적
可以	kěyǐ	형	좋다, 괜찮다
学习	xuéxí	명 동	학습(하다), 공부(하다)
累	lèi	형	피곤하다, 지치다
不	bù	부	아니다(부정을 나타냄)
不太	bú tài	부	그다지, 별로

회화 1

说一说

서로 안부 인사를 나눕니다. 02-03

金秀炫 Jīn Xiùxuàn	你好吗？ Nǐ hǎo ma?
李伟 Lǐ Wěi	(我) 很好。你呢？ (Wǒ) Hěn hǎo. nǐ ne?
金秀炫 Jīn Xiùxuàn	我也很好。你最近忙吗？ Wǒ yě hěn hǎo. Nǐ zuìjìn máng ma?
李伟 Lǐ Wěi	非常忙。 Fēicháng máng.

Quiz

1 '你好'와 '你好吗'는 같나요?

( ) 1. 같다

( ) 2. 다르다

Tip

1. 어기조사 '呢'는 '~는(요)?' 라는 의미로, 앞에 제시한 내용과 똑같은 질문을 나타낼 때 사용합니다.
2. '我也很好'의 경우, 끊어 읽기에 따라 wǒ yě/hěn hǎo로 끊어 읽어야 하기 때문에, wǒ와 hěn은 2성으로 읽습니다. 즉 2+3/2+3.

본문 연습

金秀炫	你好吗？
李伟	(我) 很好。你呢？
金秀炫	我也很好。你最近忙吗？
李伟	非常忙。

회화 2

친구와 근황을 묻고 이야기를 나눕니다. 02-04

王芳 Wáng Fāng	你最近怎么样？ Nǐ zuìjìn zěnmeyàng?
朴周英 Piáo Zhōuyīng	还可以。 Hái kěyǐ.
王芳 Wáng Fāng	你学习累吗？ Nǐ xuéxí lèi ma?
朴周英 Piáo Zhōuyīng	不太累。 Bú tài lèi.

Tip

정도부사와 부정부사를 수식 대상 형용사 앞에 사용해 성질이나 상태의 정도와 부정을 나타냅니다.

예: 非常忙 매우 바쁘다, 대단히 바쁘다
很忙 아주/매우 바쁘다, 바쁘다
还可以 그럭저럭
不太忙 별로 바쁘지 않다
不忙 바쁘지 않다

본문 연습

王芳	你最近怎么样？
朴周英	还可以。
王芳	你学习累吗？
朴周英	不太累。

1 你好！& 你好吗？

02-05

你好！와 你好吗？는 인사하는 종류나 한국어 뜻이나 대답하는 방식 등 여러 방면에서 다릅니다.

	你好！	你好吗？
문장 부호	느낌표	물음표
인사 종류	기본 인사	안부 인사
한국어 뜻	안녕!/ 안녕하세요!	잘 지내?/ 잘 지내세요?
대답	你好！/ 早上好！	我很好。

2 형용사술어문

02-06

술어 부분에 형용사가 쓰인 문장을 형용사술어문이라고 하고 '사람이나 사물이 어떠하다.' 라고 묘사할 때 주로 사용합니다.

긍정문: 주어 + 정도부사('很' 등) + 술어(형용사)

我	很	好。
		忙，也很累。
	非常	饱。
		累，也非常困。

饱 bǎo 형 배부르다

困 kùn 형 졸리다

Tip

보통 습관적으로 형용사 앞에 '很'을 사용하는데, 이때 해석은 하지 않아도 됩니다. '我很忙。'은 '나는 (아주) 바빠.' 로 두 가지 해석이 되지만 '我非常忙。'은 '나는 매우 바빠.'로 해석이 됩니다.

부정문: 주어 + 부정부사('不' 등) + 술어(형용사)		
我	不	累。
		忙。
	不太	饿。
		热。

02-07

饿 è 형 배고프다

热 rè 형 덥다

Quiz

2 부정문의 경우, '很'을 사용하나요?

( ) 1. 예

( ) 2. 아니오

3 '吗' 일반의문문

02-08

'~입니까?' 라는 의미로, 문장 끝에 어기조사 '吗'를 붙여 의문을 나타냅니다.

의문문: 주어 + 술어 + 吗?		
你	忙	
	饿	吗?
	冷	
	高兴	

冷 lěng 형 춥다

高兴 gāoxìng 형 즐겁다, 기쁘다

Quiz

3 의문문의 경우, '很'을 사용하나요?

( ) 1. 예

( ) 2. 아니오

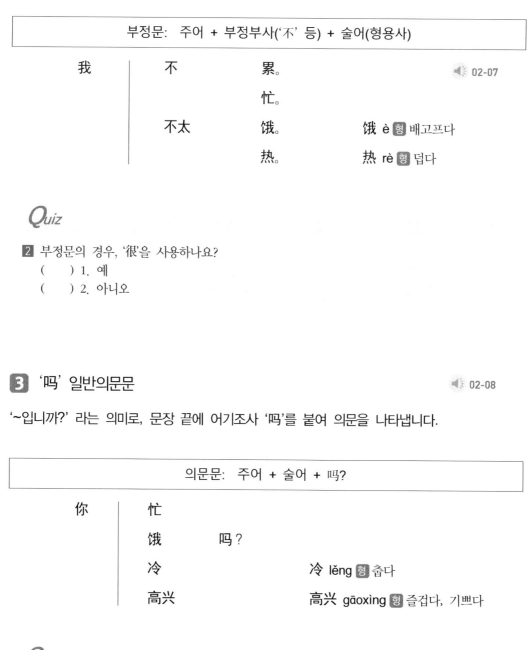

연습 문제

练一练

1. 녹음을 듣고 빈칸에 성모와 성조를 표시해 보세요.

02-09

① ______u______e
② ______eng______u
③ ______uo______i
④ ______in______ian
⑤ ______ou______ong
⑥ ______u______un

2. 다음 문장을 중국어로 써 보세요.

① 나는 잘 지내.

____。

② 너 배 고프니?

____？

③ 우리는 별로 안 바빠.

____。

④ 너희들 요즘 어떻게 지내니?

____？

3. 다음 중국어 문장을 읽고 괄호 내의 제시어를 사용하여 말해 보세요.

① 我学习不太累。 (부사: 很，非常，不)

____。

② 我最近很忙，也很累。 (대사/명사: 我们，她，老师)

____。

③ 我还可以，不太饿。 (형용사: 冷，困，累)

____。

④ 我非常困，你呢？ (형용사: 热，忙，高)

____？

4. 다음 단어를 활용하여 말해 보세요.

①

困/累

__________ , 也 ______。

②

饿/饱

______________?

중국 문화

看一看

중국으로 놀러 가면 구경할 만한 곳이 수없이 많이 있습니다. 그 중에서 대표적인 몇 군데만 소개합니다.

베이징: 만리장성
万里长城
Wànlǐ Chángchéng

세계 8대 불가사의의 하나 이며 중국을 상징하는 대표적인 건축물입니다.

상하이: 동팡밍주
东方明珠
Dōngfāngmíngzhū

상하이를 상징하는 방송 송신탑입니다. 밤에는 상하이의 빛나고 화려한 야경을 볼 수 있습니다.

구이린: 구이린 산수
桂林山水 Guìlín shānshuǐ

'구이린의 산수는 천하제일이다'라는 말이 있을 정도로 경치가 아름답습니다.

시안 西安 Xī'ān: 빙마용
兵马俑 Bīngmǎyǒng

진시황의 무덤 부장품이며 갱 속에 파묻은 약 1만 구의 도제 병사와 말을 지칭합니다.

03 你叫什么名字？

Nǐ jiào shénme míngzi?

이름이 어떻게 되세요?

학습 목표

이름을 묻고 답하기

是자문

부사 也와 都의 용법

명언 한 마디

03-01

积少成多

Jī shǎo chéng duō

티끌 모아 태산

단어

03-02

贵	guì	형	귀하다(상대방을 높여 부르는 말)
姓	xìng	동	성이~이다; (명) 성, 성씨
叫	jiào	동	(이름을)~라고 부르다
什么	shénme	대	무엇, 무슨
名字	míngzi	명	이름
金秀炫	Jīn Xiùxuàn	고유	김수현(인명)
认识	rènshi	동	(사람을) 알다
高兴	gāoxìng	형	기쁘다, 즐겁다
是	shì	동	~이다; 형 맞다, 옳다
哪	nǎ	대	어느, 어떤
国	guó	명	나라
人	rén	명	사람
韩国人	Hánguórén	명	한국인
都	dōu	부	모두, 전부
日本人	Rìběnrén	명	일본인

회화 1

说一说

유 선생님이 김수현에게 이름을 묻고 반갑다는 인사를 합니다. 03-03

金秀炫 Jīn Xiùxuàn	老师，您贵姓？ Lǎoshī, nín guì xìng?
刘老师 Liú lǎoshī	我姓刘。你叫什么名字？ Wǒ xìng Liú. Nǐ jiào shénme míngzi?
金秀炫 Jīn Xiùxuàn	刘老师好！我姓金，叫金秀炫。 Liú lǎoshī hǎo! Wǒ xìng Jīn, jiào Jīn Xiùxuàn.
刘老师 Liú lǎoshī	你好！认识你，很高兴。 Nǐ hǎo! Rènsi nǐ, hěn gāoxìng.

Quiz

1 이어서 김수현 학생도 유 선생님께 반갑다고 어떻게 표현하나요? (정답 2개)

( ) 1. 我也很高兴。
( ) 2. 认识老师，我也很高兴。
( ) 3. 认识您，我也很高兴。

Tip

1. 선생님을 부를 때, 중국에서는 일반적으로 '성+老师' 라고 부릅니다.
2. 사람 이름을 한어병음으로 표기할 때, 성과 이름 맨 앞 성모는 늘 대문자로 표기해야 합니다.

본문 연습

金秀炫 老师，您贵姓？
刘老师 我姓刘。你叫什么名字？
金秀炫 刘老师好！我姓金，叫金秀炫。
刘老师 你好！认识你，很高兴。

회화 2

유 선생님이 박주영에게 국적을 묻습니다. 03-04

刘老师 Liú lǎoshī	你是哪国人？ Nǐ shì nǎ guó rén?
朴周英 Piáo Zhōuyīng	我是韩国人。 Wǒ shì Hánguórén.
刘老师 Liú lǎoshī	她们也是韩国人吗？ Tāmen yě shì Hánguórén ma?
朴周英 Piáo Zhōuyīng	不是，她们都是日本人。 Búshì, Tāmen dōu shì Rìběnrén.

Tip

국적을 물어볼 때는 '어느/어떤' 이라는 의미인 의문대사 '哪'를 사용하여 묻습니다. 대답은 '주어+是+국적' 형식으로 표현합니다.

Quiz

2 국적을 물어볼 때, '你是哪国人?' 끝에 '吗'를 사용하나요?
( ) 1. 예
( ) 2. 아니오

3 '중국인 선생님'을 중국어로 어떻게 표현하나요?
( ) 1. 中国人老师
( ) 2. 中国老师

본문 연습

刘老师	你是哪国人？	刘老师	她们也是韩国人吗？
朴周英	我是韩国人。	朴周英	不是，她们都是日本人。

단문

자기 소개하기

03-05

大家好！认识大家，很高兴！我姓金，叫金秀炫，是韩国人。
Dàjiā hǎo! Rènshi dàjiā, hěn gāoxìng! Wǒ xìng Jīn, jiào Jīn Xiùxuàn, shì Hánguó rén.

我学习汉语。最近还可以，不太忙，也不太累。谢谢！
Wǒ xuéxí Hànyǔ. Zuìjìn hái kěyǐ, bú tài máng, yě bú tài lèi. Xièxie!

자유롭게 말해 보세요.

............好！认识............，很高兴！我姓............，叫............，是............。

我学习............。最近............，不太............，也不太............。谢谢！

어법

1 이름을 묻는 표현

03-06

중국어에서 처음 만나 상대방의 성씨나 이름을 물을 때 연령대별로 다음과 같이 묻습니다.

	질문	대답
어른 등 상대방을 높여 성함을 물을 때	您贵姓？ 성함이 어떻게 되십니까?	我姓刘，(叫刘芳。Liú Fāng) 1. 성만 대답 2. 성과 이름 함께 대답
동년배의 성씨를 물을 때	你姓什么？ 성은 무엇입니까?	我姓金。
이름을 물을 때	你叫什么（名字）？ 이름은 무엇입니까?	我叫（金）秀炫。 1. 이름만 대답 2. 성과 이름 함께 대답

Quiz

4 성함에 관련하여 '他贵姓?'나 '我贵姓刘。'라는 표현을 사용하나요?

(　　) 1. 예

(　　) 2. 아니오

Tip

什么는 '무엇'과 '무슨' 의 의미로 해석되며 의문문을 만듭니다. 문장 끝에 '吗'를 붙이지 않습니다.

무엇:　　　你叫什么？

무슨+명사:　你叫什么名字？

2 是자문

03-07

'A는 B이다'라는 뜻의 동사 是가 술어로 쓰인 문장을 是자문이라고 합니다.

긍/부정문: 주어 + 是/不是 + 목적어

我	是	韩国人。	
		学生。	学生 xuésheng 명 학생
	不是	老师。	
		中国人。	中国人 Zhōngguórén 명 중국인

의문문: 주어 + 是 +목적어 + 吗?

03-08

你是	学生	吗？	
	大学生		大学生 dàxuéshēng 명 대학생
	留学生		留学生 liúxuéshēng 명 유학생
	美国人		美国人 Měiguórén 명 미국인

Tip

'是 네' 혹은 '不/不是 아니요'를 사용하여 의문문에 긍정/부정적으로 대답할 수 있습니다.
A: 你是学生吗？
B1: (是，) 我是学生。혹은 /是。
B2: (不/不是，) 我不是学生。혹은 不。/不是。

3 부사 也와 都의 용법

03-09

也는 '또한, ~도', 都는 '모두, 전부'를 뜻하는 부사이며 문장에서 동사나 형용사 앞에 사용합니다.

주어 + 부사('也/都') + 술어(동사) + (목적어) 주어 + 부사('也/都') + 정도부사 + 술어(형용사)

我	也	很忙。	
		非常高兴。	
		是大学生。	
		喜欢汉语。	喜欢 xǐhuan 동 좋아하다
她们	都	很累。	
		是留学生。	
		是英国人。	英国人 Yīngguórén 명 영국인
		学习韩(国)语。	韩(国)语 Hán(guó)yǔ 명 한국어

Quiz

5 만약 '也'와 '都' 둘 다 사용하려면 어떤 표현이 정확하나요?
(　　) 1. 我们也都很忙。
(　　) 2. 我们都也很忙。

연습 문제

练一练

1. 녹음을 듣고 빈칸에 성모, 운모와 성조를 표시해 보세요. 03-10

① .... ② ....

③ .... ④ ....

⑤ .... ⑥ ....

2. 다음 문장을 중국어로 써 보세요.

① 그녀는 어느 나라 사람이니?

....?

② 그들은 모두 중국 사람이야.

....。

③ 우리 또한 모두 대학생이야.

....。

④ 선생님을 알게 되어서 반갑습니다!

....!

3. 다음 중국어 문장을 읽고 괄호 내의 제시어를 사용하여 말해 보세요.

① 你认识日本人吗？ (사람 명사: 英国人，留学生，中国留学生)

....?

② 我们都学习汉语。 (언어 명사: 韩(国) 语，日(本) 语，英语)

....。

③ 我姓金，叫金秀炫。 (성/이름 소개: 叫，叫金，是，是金)

....。

④ 认识你，我很高兴。 (대사/명사: 你们......老师，您......我们，大家......我)

....。

4. 다음 단어를 활용하여 말해 보세요.

① 

姓/叫

......................................。

② 

哪国人

......................................？

중국 문화

중국의 외래어 표기는 음과 뜻을 다 표현할지, 음을 따라야 할지, 뜻을 따라야 할지에 따라 외래어를 만들어 냅니다.

可口可乐
kěkǒu kělè
음+뜻(입에 맞고 즐겁다)

星巴克 Xīngbākè
뜻(star: 星) +음

必胜客 Bìshèngkè
음+뜻(손님을 위해 필승하다)

麦当劳 Màidāngláo
음역

肯德基 Kěndéjī
음역

04 你今年多大？

Nǐ jīnnián duō dà?

올해 나이가 어떻게 되세요?

학습 목표

나이를 묻는 표현

숫자 읽는 법

다른 사람을 소개하기

명언 한 마디

04-01

不怕慢，只怕站

Bú pà màn, zhǐ pà zhàn

느린 것은 괜찮으나, 멈추는 것이 두렵다.

단어

04-02

今年	jīnnián	명	올해
多	duō	부	얼마나
大	dà	형	크다; (나이가)많다
岁	suì	양	살, 세(나이를 세는 단위)
年纪	niánjì	명	나이, 연령
几	jǐ	대	몇
真	zhēn	부	정말, 진짜, 참으로
同岁	tóngsuì	동	동갑이다
谁	shéi	대	누가, 누구
朋友	péngyou	명	친구
男朋友	nánpéngyou	명	남자 친구
只	zhǐ	부	오직, 다만
普通	pǔtōng	형	보통이다, 일반적이다

회화 1

说一说

왕팡은 박주영에게 나이를 묻습니다.

04-03

王芳
Wáng Fāng

周英，你今年多大？
Zhōuyīng, nǐ jīnnián duō dà?

朴周英
Piáo Zhōuyīng

我今年二十一岁。你多大？
Wǒ jīnnián èrshíyī suì. Nǐ duō dà?

王芳
Wáng Fāng

我也二十一。
Wǒ yě èrshíyī.

朴周英
Piáo Zhōuyīng

真好！我们同岁。
Zhēn hǎo! Wǒmen tóngsuì.

Tip

'你多大？'의 표현 중, '多'는 의문문에서 '얼마나' 라는 의미를 가진 부사로 뒤에 형용사 '大'를 붙여 '(나이가)얼마나 많나요?' 뜻의 의문을 나타냅니다.

Quiz

1 '我真好。' 라는 표현을 사용하나요?
(　　) 1. 예
(　　) 2. 아니오

2 '同岁'의 용법 중, 맞는 표현이 무엇이나요?
(　　) 1. 我同岁。
(　　) 2. 我们同岁。
(　　) 3. 我们是同岁。

본문 연습

王芳　周英，你今年多大？

朴周英　我今年二十一岁。你多大？

王芳　我也二十一。

朴周英　真好！我们同岁。

회화 2

리웨이는 박주영에게 누구인지 묻습니다. 04-04

李伟 Lǐ Wěi	他是谁？ Tā shì shéi?
朴周英 Piáo Zhōuyīng	他是我朋友。 Tā shì wǒ péngyou.
李伟 Lǐ Wěi	是你男朋友吗？ Shì nǐ nánpéngyou ma?
朴周英 Piáo Zhōuyīng	不是，只是普通朋友。 Bú shì, zhǐ shì pǔtōng péngyou.

Tip

谁는 '누가'와 '누구'의 의미를 나타내는 의문대사로 누구인지 물을 때 사용합니다. 문장 끝에 吗를 붙이지 않습니다.

예: 누가: 谁是你女朋友？

누구: 你女朋友是谁？

女朋友 nǚpéngyou 명 여자 친구

본문 연습

李伟	他是谁？
朴周英	他是我朋友。
李伟	是你男朋友吗？
朴周英	不是，只是普通朋友。

단문

다른 사람을 소개하기 04-05

她今年二十一岁，我们同岁。她不是我女朋友，是普通朋友。
Tā jīnnián èrshíyī suì, wǒmen tóngsuì. Tā bú shì wǒ nǚpéngyou, shì pǔtōng péngyou.

她是留学生，我也是留学生，我们都喜欢学习汉语。
Tā shì liúxuéshēng, wǒ yě shì liúxuéshēng, wǒmen dōu xǐhuan xuéxí Hànyǔ.

자유롭게 말해 보세요.

她今年__________岁，我们__________。她不是我__________，是__________朋友。她是__________，我也是__________，我们都__________学习__________。

어법

1 나이를 묻는 표현

04-06

중국어에서 상대방의 나이를 물을 때 연령대별로 다음과 같이 묻습니다. 대답은 숫자 또는 숫자 + 岁로 합니다.

	질문	대답
나이 드신 분	您今年多大年纪？ 당신은 올해 연세가 어떻게 되세요?	我今年六十八（岁）。 1. 岁를 사용하여 대답 2. (岁)를 생략하여 대답
젊은 층 또는 동년배	你今年多大？ 너는 올해 나이가 어떻게 되니?	我今年二十（岁）。 1. 岁를 사용하여 대답 2. (岁)를 생략하여 대답
10세 이하 어린아이	他今年几岁？ 그 아이는 올해 몇 살이니?	他今年八岁。 1. 岁를 무조건 사용하여 대답

Quiz

3 나이를 물어볼 때, '今年' 이라는 어휘를 빼도 가능하나요?
( ) 1. 예
( ) 2. 아니오

4 '多大'를 사용하여 나이를 물어볼 때, 뒤에 '세' 라는 의미를 나타내는 '岁'를 사용하나요?
( ) 1. 예
( ) 2. 아니오

Tip

几는 '몇'으로 해석되며 주로 10 이하의 수량을 물을 때 사용합니다. '多'나 '几'를 사용하여 나이를 물어볼 때 문장 끝에 吗를 붙이지 않습니다.

2 숫자 읽는 법

04-07

중국어 숫자는 한국어 숫자와 발음이 비슷하여 비교적 쉽게 배울 수 있습니다. 중국어 숫자 1~10은 다음과 같이 손으로 표현할 수 있습니다.

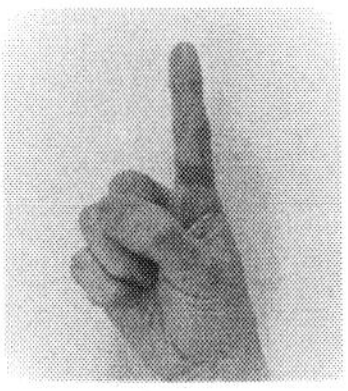
1 一(yī)

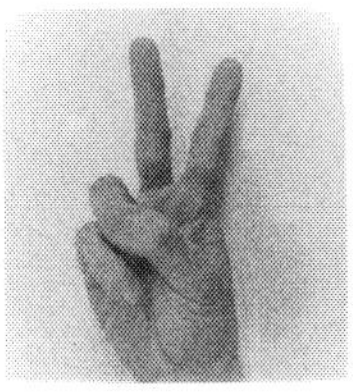
2 二(èr)

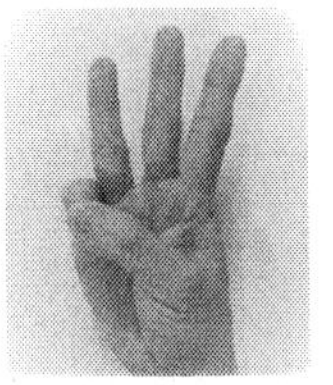
3 三(sān)

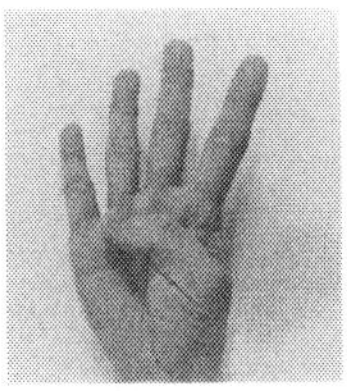
4 四(sì)

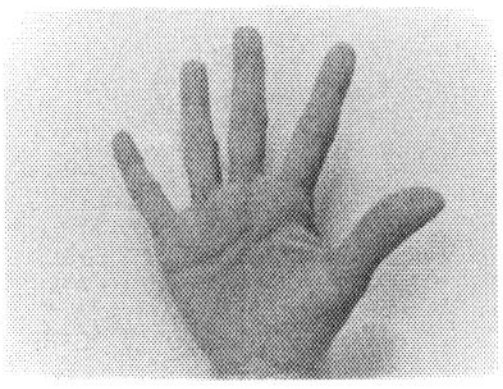
5 五(wǔ)

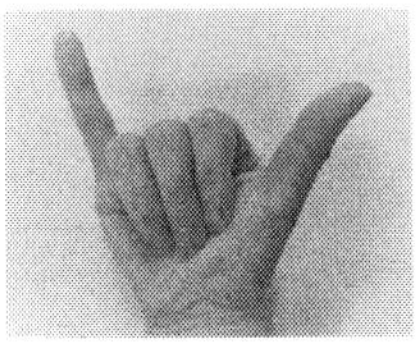
6 六(liù)

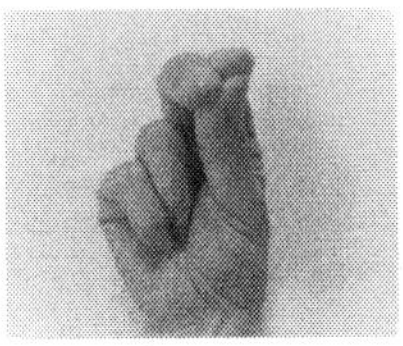
7 七(qī)

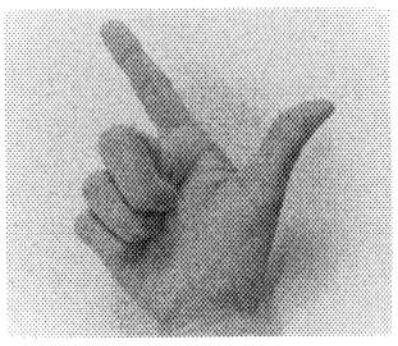
8 八(bā)

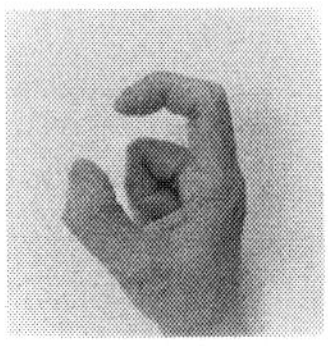
9 九(jiǔ)

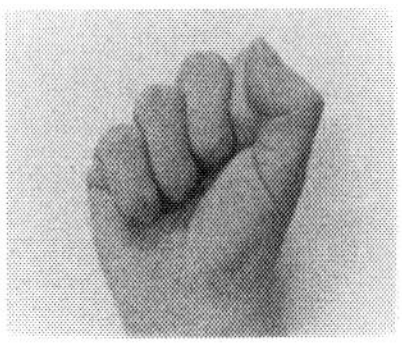
10 十(shí)

나머지 숫자를 읽을 때는 다음과 같습니다.

	읽을 때	규칙
11 12 99	十一 shíyī 十二 shí'èr 九十九 jiǔshíjiǔ	한국어 숫자 발음 그대로 읽음
100	一百 yìbǎi	앞에 '一'을 붙여 읽음
105	一百零五 yìbǎi líng wǔ	'0'은 零 líng으로 꼭 읽어줘야 함
110 115	一百一十 yìbǎi yīshí 一百一十五 yìbǎi yīshíwǔ	'10'은 중간에 오면 一十 yīshí로 읽음
1000	一千 yìqiān	앞에 '一'을 붙여 읽음
1005 1010 1100	一千零五 yìqiān líng wǔ 一千零一十 yìqiān líng yīshí 一千一百 yìqiān yībǎi	'0'이 여러 개 있으면 한 번만 읽음
10000	一万 yíwàn	앞에 '一'을 붙여 읽음

零 líng 수 0, 영　　百 bǎi 수 100, 백　　千 qiān 수 1000, 천　　万 wàn 수 10000, 만

Tip

'一'은 뒤 음절에 따라 성조를 변화해야 한다는 걸 잘 기억하고 있죠?
그러나, 긴 숫자 중에, 맨 앞의 '一'만 성조가 변하고, 중간과 끝의 '一'의 성조는 변하지 않습니다.

Quiz

5 숫자 '11111'을 어떻게 정확하게 읽나요?
(　)wàn (　)qiān (　)bǎi (　)shí(　)

연습 문제

练一练

1. 녹음을 듣고 해당하는 숫자를 보기처럼 중국어로 쓰세요. 04-08

보기

'육십구'를 들으면 69/六十九로 쓰기

① ……………… ② ………………

③ ……………… ④ ………………

⑤ ……………… ⑥ ………………

2. 다음 문장을 중국어로 써 보세요.

① 그녀는 너의 여자 친구니?

……………………………… ?

② 누가 중국어 선생님이세요?

……………………………… ?

③ 너도 20살이군. 우린 동갑이야.

……………………………… 。

④ 당신은 연세가 어떻게 되세요?

……………………………… ?

3. 다음 중국어 문장을 읽고 괄호 내의 제시어를 사용하여 말해 보세요.

① 她是谁？ (명사: 你朋友，他女朋友，朴周英)

……………………………… ?

② 我们是普通朋友。 (명사: 好朋友，学生，留学生)

……………………………… 。

③ 我今年二十一岁。 (나이 표현: 二十一岁，今年二十一，二十一)

……………………………… 。

④ 他是你男朋友吗？ (명사: 朋友，老师，好朋友)

……………………………… ?

4. 다음 단어를 활용하여 말해 보세요.

① 

多大/岁

② 

谁/朋友

중국 문화

看一看

이번 과에서 남자 친구를 뜻하는 '男朋友'를 배웠습니다. 다른 친구를 나타내는 표현들도 같이 배워볼까요?

중국어에서 '男朋友'와 '女朋友'는 각각 남자 친구와 여자 친구를 뜻합니다. 사귀는 연인 사이에 서로 호칭할 때 사용합니다. 물론 친한 친구는 '好朋友'로 표현합니다. 친한 친구 '好朋友'인지 여자 친구 '女朋友'인지 한자를 잘 구별해야 되겠죠?

한국어에서 '남자 사람 친구'나 '여자 사람 친구' 라는 말이 있듯이, 중국어에서도 특별한 연인 관계가 아닌 그냥 친구 사이를 표현할 때, 이번 과에서 배운 '普通朋友'가 있습니다. 그 외에 남자와 친구 사이에 '의'를 뜻하는 '的 de'를 집어넣어 '男的朋友' 혹은 '女的朋友'가 있습니다. 이 표현들도 보통 친구 관계를 뜻합니다.

05 这是什么？

Zhè shì shénme?

이것은 무엇인가요?

학습 목표

지시대사 这와 那의 용법

的의 용법

명언 한 마디

05-01

多多益善

Duō duō yì shàn

다다익선. 많으면 많을수록 좋다.

단어

读一读

05-02

这	zhè	대	이(것); 이 사람(가까이 있음)
的	de	조	~의
汉语	Hànyǔ	명	한어, 중국어
书	shū	명	책
同学	tóngxué	명	동창, 동급생
那	nà	대	저(것), 그(것); 저(그) 사람(멀리 있음)
个	ge	양	개, 명(사람, 사물을 세는 양사)
那个	nà ge	대	저것, 그것
手机	shǒujī	명	핸드폰
对	duì	형	맞다, 옳다
贵	guì	형	비싸다
这儿	zhèr	대	여기, 이곳
这里	zhèli	대	여기, 이곳
那儿	nàr	대	저기, 거기, 저곳, 그곳
那里	nàli	대	저기, 거기, 저곳, 그곳

회화 1

说一说

리웨이가 박주영 옆에 있는 책에 대해 묻습니다. 05-03

李伟
Lǐ Wěi
这是什么？
Zhè shì shénme?

朴周英
Piáo Zhōuyīng
这是书，是我们的汉语书。
Zhè shì shū, shì wǒmen de Hànyǔ shū.

李伟
Lǐ Wěi
这是谁的书？
Zhè shì shéi de shū?

朴周英
Piáo Zhōuyīng
不是我的，是我同学的。
Bú shì wǒ de, shì wǒ tóngxué de.

Quiz

1 '这是汉语书。'로 대답하려면 어떻게 질문하나요? (정답은 여러 개)

(　　) 1. 这是什么？
(　　) 2. 这是什么书？
(　　) 3. 那是什么？
(　　) 4. 那是什么书？

Tip

'한어, 중국어'를 뜻하는 '汉语'가 문장에서 나오면 위치와 상관없이 늘 대문자로 병음을 표기해야 합니다. 다른 언어도 마찬가지입니다.

예: 韩（国）语 Hán(guó)yǔ　　英语 Yīngyǔ
　日（本）语 Rì(běn)yǔ　　法语 Fǎyǔ(프랑스어)

본문 연습

李伟	这是什么？
朴周英	这是书，是我们的汉语书。
李伟	这是谁的书？
朴周英	不是我的，是我同学的。

회화 2

왕팡은 멀리 있는 김수현의 핸드폰을 가리키며 이야기를 나눕니다. 05-04

金秀炫 Jīn Xiùxuàn	那个是你的手机吗？ Nà ge shì nǐ de shǒujī ma?
王芳 Wáng Fāng	我的（手机）非常贵。 Duì, shì wǒ de (shǒujī).
金秀炫 Jīn Xiùxuàn	你的手机贵吗？ Nǐ de shǒujī guì ma?
王芳 Wáng Fāng	我的（手机）非常贵。 Wǒ de (shǒujī) fēicháng guì.

Quiz

2 '是我的手机。' 앞에 생략된 지시대사를 추가 하려면 어떤 것이 있나요? (정답은 여러 개)

( ) 1. 那个
( ) 2. 那
( ) 3. 这个
( ) 4. 这

Tip

일반의문문에 대한 대답은 '对'나 '是'를 사용하여 긍정적으로 대답할 수 있습니다.

예: 对，是我的手机。맞아, 내 핸드폰이야.
　　是，是我的手机。예/그래, 내 핸드폰이야.

본문 연습

金秀炫	那个是你的手机吗？	金秀炫	你的手机贵吗？
王芳	对，是我的（手机）。	王芳	我的（手机）非常贵。

단문

자기 주변의 물건을 소개하기

05-05

这是汉语书，是我的。那是我同学的，是英语书。我们学习汉语，也学习英语。
Zhè shì Hànyǔ shū, shì wǒ de. Nà shì wǒ tóngxué de, shì Yīngyǔ shū. Wǒmen xuéxí Hànyǔ, yě xuéxí Yīngyǔ.

这（个）是我的手机，那（个）是她的，我们的手机都非常贵。
Zhè (ge) shì wǒ de shǒujī, nà (ge) shì tā de, wǒmen de shǒujī dōu fēicháng guì.

자유롭게 말해 보세요.

这是__________书，是__________。那是__________，是__________书。我们学习__________，也学习__________。

这(个)是我的__________，那(个)是她的，我们的__________都非常__________。

어법 学一学

1 지시대사 这와 那의 용법

05-06

지시대사 这는 가까운 사람이나 사물을 가리킬 때 사용하며, 那는 멀리 있는 사람이나 사물을 가리킬 때 사용합니다.
这와 那 뒤에 양사 个를 붙여서 这个와 那个라는 지시대사로 사용합니다. 구어에서는 zhèi ge, nèi ge라고도 많이 읽습니다. 구체적인 용법은 다음과 같습니다.

	这	那
의미	가까운 것을 가리킴	멀리 있는 것을 가리킴
사람/사물	这 이(것); 이 사람 这个 zhè ge/zhèi ge 이것	那 저(것), 그(것); 저(그) 사람 那个 nà ge/nèi ge 저것, 그것
장소	这儿 zhèr/这里 zhèli 여기, 이곳	那儿 nàr/那里 nàli 저기, 거기, 저곳, 그곳

긍/부정문: 这/那 + 是/不是 + 명사/대사

05-07

这	是	我同学。
		书包。
那	不是	我。
		咖啡。

书包 shūbāo 명 책가방

咖啡 kāfēi 명 커피

의문문: 这/那 + 是 + 명사/대사 + 吗?

05-08

这	是	你朋友	吗?
		她的笔	
那		他	
		奶茶	

笔 bǐ 명 필기구, 필

奶茶 nǎichá 명 밀크 티

Tip

사물을 가리킬 때 '这/那' 혹은 '这个/那个' 모두 사용이 가능합니다. 그러나 사람을 가리킬 때 '这/那'만 사용 가능합니다.

2 的의 용법

05-09

한국어 '~의'와 용법이 비슷하고 소유 관계를 나타냅니다.

我的书　　她的汉语老师

가족이나 친구 등 친밀한 관계, 소속을 나타낼 때, 일반적으로 的를 생략할 수 있습니다.

我妈妈　　我朋友

我们学校　　她们公司

妈妈 māma 명 엄마

学校 xuéxiào 명 학교

公司 gōngsī 명 회사

앞뒤 문맥상 무엇을 가리키는지 알 수 있는 경우, 的뒤의 중심어를 생략할 수 있으며, 이때 'ㄴ 것/는 것/~의 것'의 뜻을 나타내며 명사화 용법입니다.

我的　　老师的

贵的　　吃的

吃 chī 동 먹다

Tip

1. 소속 단체일 경우, 보통 주어를 복수 형식, 즉 '我们学校'와 같이 사용합니다.
2. 문맥상 무엇을 가리키는지 정확히 알 수 있는 경우에만 생략은 가능하나, 그렇지 않는 경우에 的뒤에 수식하는 중심어가 나와야 합니다.

Quiz

3 '男朋友'의 중간에 '的'를 추가한 '男的朋友'라는 표현은 어떤 의미가 되나요?

(　　) 1. 남자 친구

(　　) 2. 남자 사람 친구

연습 문제

练一练

1. 녹음을 듣고 빈칸에 한어병음을 알맞게 쓰세요. 05-10

① Zhè ge shì ____________________?

② Nà shì ____________________.

③ Nà ge bú shì ____________________.

④ Wǒ xǐhuan ____________________.

2. 다음 문장을 중국어로 써 보세요.

① 이것은 누구의 커피니?

____________________?

② 나는 우리 학교를 좋아해.

____________________。

③ 저것은 내 동창의 거야.

____________________。

④ 선생님의 책은 매우 비싸.

____________________。

3. 다음 중국어 문장을 읽고 괄호 내의 제시어를 사용하여 말해 보세요.

① 这是谁的汉语书? (명사: 书包 , 手机 , 咖啡)

____________________?

② 我喜欢她的。 (명사화 용법: 热的 , 吃的 , 贵的)

____________________。

③ 你的手机贵吗? (명사: 汉语书 , 笔 , 奶茶)

____________________?

④ 这是我的韩国语书。 (지시대사: 这个 , 那 , 那个)

____________________。

4. 다음 단어를 활용하여 말해 보세요.

①

手机/贵

②

那/书包

중국 문화

看一看

중국에서 칼과 가위로 종이를 오려 여러 가지 이미지나 글자를 만들어 내는 전지 공예(剪纸 jiǎnzhǐ)가 있습니다.

窗花 chuānghuā & 범 虎 hǔ

가위로 좋아하는 전기 공예를 마음대로 표현할 수 있으며, 귀여운 동물도 표현할 수 있습니다.

복 자 福字 fú zì

복이 많다는 의미가 담겨져 있습니다. 해당 연도의 동물과 같이 나오기도 하고 여유로움의 뜻을 가진 '有余 yǒuyú'와 발음을 비슷한 물고기(鱼 yú)와 같이 나오기도 합니다.

쌍 희 囍 xǐ=双喜 shuāngxǐ

두 가지 기쁜 일이 있음을 나타내며 결혼식 때 많이 사용합니다. 발음이 똑같다는 이유로 까치(喜鹊 xǐquè)와 같이 나오기도 하고 사랑의 상징 원앙새(鸳鸯 yuānyāng)와 같이 나오기도 합니다.

06 你家有几口人？

Nǐ jiā yǒu jǐ kǒu rén?

가족이 몇 명인가요?

학습 목표

가족 구성원 명칭

有자문

和의 용법

명언 한 마디

06-01

温故知新

Wēn gù zhī xīn

옛 것을 익히고 그 것을 본받아 새 것을 알다.

단어

06-02

家	jiā	명	집
有	yǒu	동	있다, 가지고 있다
口	kǒu	양	식구(가족 수를 세는 양사)
爸爸	bàba	명	아빠
妈妈	māma	명	엄마
哥哥	gēge	명	형, 오빠
和	hé	명	~와/과
兄弟	xiōngdì	접	형제
姐妹	jiěmèi	명	자매
姐姐	jiějie	명	누나, 언니
还	hái	부	아직
没有	méiyǒu	동	없다

회화 1

说一说

박주영이 왕팡의 가족이 몇 명인지, 누구누구 있는지 묻습니다. 06-03

朴周英 Piáo Zhōuyīng	你家有几口人？ Nǐ jiā yǒu jǐ kǒu rén?
王芳 Wáng Fāng	我家有四口人。 Wǒ jiā yǒu sì kǒu rén.
朴周英 Piáo Zhōuyīng	你家都有什么人？ Nǐ jiā dōu yǒu shénme rén?
王芳 Wáng Fāng	爸爸、妈妈、哥哥和我。 Bàba、māma、gēge hé wǒ.

Quiz

1 가족 수를 셀 때, '四口人' 대신하여 '四个人' 사용 가능하나요?
(　　) 1. 예
(　　) 2. 아니오

Tip

1. 중국어에서 여러 성분을 나열할 때 중간에 '、(顿号 dùnhào)'를 사용합니다.
2. 접속사 和는 여러 개 연결할 때 마지막 연결 성분 앞에 사용합니다.

본문 연습

朴周英	你家有几口人？
王芳	我家有四口人。

朴周英	你家都有什么人？
王芳	爸爸、妈妈、哥哥和我。

회화 2

김수현이 리웨이에게 누나한테 남자친구가 있는지 묻습니다. 06-04

金秀炫 Jīn Xiùxuàn	你有兄弟姐妹吗？ Nǐ yǒu xiōngdì jiěmèi ma?
李伟 Lǐ Wěi	我有一个姐姐。 Wǒ yǒu yí ge jiějie.
金秀炫 Jīn Xiùxuàn	你姐姐有男朋友吗？ Nǐ jiějie yǒu nánpéngyou ma?
李伟 Lǐ Wěi	她还没有男朋友。 Tā hái méiyǒu nánpéngyou.

Tip

중국어에서는 양사가 한국어처럼 풍부하지만 한 국어 양사와 쓰이는 위치가 다릅니다.
★ 중국어 순서: 수사/대사 + 양사 + 명사
그 외에, '2'의 경우, 양사 앞에 两(liǎng 둘, 2)을 사용합니다.
예: 两杯咖啡 　杯 bēi 양 잔, 컵
两本书 　本 běn 양 권(책 등을 세는 양사)

Quiz

2 만약 언니/누나가 둘이 있다고 하면, 어떻게 표현하나요?
(　) 1. 二个姐姐
(　) 2. 两个姐姐

본문 연습

金秀炫	你有兄弟姐妹吗？	金秀炫	你姐姐有男朋友吗？
李伟	我有一个姐姐。	李伟	她还没有男朋友。

단문

가족 소개하기

06-05

我家有四口人，爸爸、妈妈、姐姐和我。我爸爸今年五十二岁，他最近非常忙。我妈妈四十五，她不太忙。
Wǒ jiā yǒu sì kǒu rén, bàba、māma、jiějie hé wǒ. Wǒ bàba jīnnián wǔshí'èr suì, tā zuìjìn fēicháng máng. Wǒ māma sìshíwǔ, tā bú tài máng.

我姐姐今年二十三岁，也是大学生。我爱我家！
Wǒ jiějie jīnnián èrshísān suì, yě shì dàxuéshēng. Wò ài wǒ jiā!

爱 ài 명 사랑; 동 사랑하다

자유롭게 말해 보세요.

我家有______口人，爸爸、妈妈、______和我。我爸爸今年______岁，

他最近非常______。我妈妈______，她不太______。我______今年______

______岁，也是大学生。______！

어법

1 有자문

'A는 B가 있다' 라는 뜻의 동사 有가 술어로 쓰인 문장을 有자문이라고 합니다. 기본 구조는 是자문과 비슷하지만, 부정할 때 没를 붙인 '没有'를 사용합니다.

긍/부정문: 주어 + 有/没有 + 목적어

我	有	课。	课 kè 명 수업	06-06
		一个哥哥。		
	没有	时间。	时间 shíjiān 명 시간	
		钱。	钱 qián 명 돈	

의문문: 주어 + 有 +목적어 + 吗?

你	有	汉语课	吗？		06-07
		中国朋友			
		学生证		学生证 xuéshēngzhèng 명 학생증	
		姐姐			

Tip

是의 부정은 不是가 되고, 有의 부정은 没有가 되는 만큼 不와 没는 중국어에서 자주 사용하는 부정부사입니다.

不是: 这不是我的手机。 이것은 내 폰이 아니야.

没有: 我没有手机。 나는 폰이 없어.

Quiz

3 有자문 중, '你有一个姐姐吗?'(의문문)나 '我没有一个姐姐。'(부정문) 라는 표현을 사용하나요?

( ) 1. 예

( ) 2. 아니오

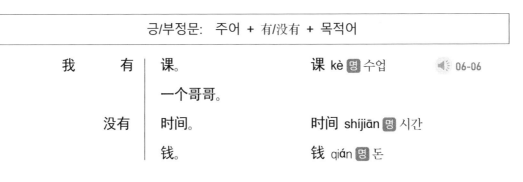

2 和의 용법

06-08

和는 '~와/과' 라는 뜻의 접속사로 주로 명사와 명사, 대사와 대사를 연결해 줄 때 사용합니다.

	예문	규칙
명사 + 명사	老师和学生	1. 두 개 연결할 때 둘 사이에 사용 2. 셋 이상 연결할 때 마지막에 사용
대사 + 대사	我、你和她们	

동사 + 동사	我有课，我学习。	v.1 + v.2... 둘 이상의 동작 연속적 사용
형용사 + 형용사	我很忙，也很累。	부사+adj.1, 也+ 부사+ adj.2... 둘 이상의 상황 연속적 묘사

Tip

동사와 동사, 형용사와 형용사를 연결할 때 和를 제한적으로 사용 가능하지만 초급 단계에서는 잘 사용하지 않습니다. '*我很忙和累。'는 틀린 문장임을 주의하십시오.

3 가족 구성원 명칭(같이 완성해 보시오)

06-09

我

我 wǒ	爸爸 bàba	爷爷 yéye 할아버지	姥爷 lǎoye 외할아버지
	妈妈 māma	奶奶 nǎinai 할머니	姥姥 lǎolao 외할머니
哥哥 gēge	姐姐 jiějie	弟弟 dìdi	妹妹 mèimei

연습 문제

练一练

1. 녹음을 듣고 빈칸에 한어병음을 알맞게 쓰세요. 06-10

① Nī jiā dōu ....?

② Wǒ yǒu ....

③ Nǐ yǒu .... ma?

④ Wǒ gēge hái ....

2. 다음 문장을 중국어로 써 보세요.

① 너의 가족 누구누구 있니?

....?

② 할머니, 아빠, 엄마 그리고 나야.

....。

③ 내 친구는 아직 남자 친구가 없어.

....。

④ 나는 오빠가 있고, 남동생은 없어.

....。

3. 다음 중국어 문장을 읽고 괄호 내의 제시어를 사용하여 말해 보세요.

① 你家有几口人？ (명사: 她家，你姐姐家，老师家)

....?

② 爸爸、妈妈、哥哥和我。 (명사: 姐姐，弟弟，两个妹妹)

....。

③ 她还没有男朋友。 (명사: 手机，学生证，汉语书)

....。

④ 我有一个姐姐。 (수사+양사+명사: 两个弟弟，三个妹妹，一个哥哥)

....。

4. 다음 단어를 활용하여 말해 보세요.

① 

我/爱

______________________________。

② 

什么人

______________________________？

看一看

중국은 세계에서 인구가 가장 많은 나라입니다. 중국 정부가 인구 관련 문제를 해결하기 위해, 계속적인 인구 정책을 내놓고 있습니다.

1980년 인구 증가율 문제를 해결하기 위해 한 자녀 정책을 펼쳤습니다. 이 때문에 양가 조부모님 4분과 부모님 2분이 아이 하나를 키운다는 '421 孩子 háizi (아이)'가 생겼습니다.

2015년 한 자녀 정책으로 가져온 사회적 문제를 해결하기 위해 '전면적으로 두 자녀 정책'을 시행하였습니다.

2021년 인구 노령화를 대비하기 위해 한 쌍의 부부가 세 자녀를 낳을 수 있는 정책을 실시하기 시작하였습니다.

복습

01~06

(인칭)대사

我 wǒ 나
我们 wǒmen 우리
你 nǐ 너
你们 nǐmen 너희들
您 nín 당신(你의 존칭)
他 tā 그
他们 tāmen 그들
她 tā 그녀
她们 tāmen 그녀들
它 tā 그것
它们 tāmen 그것들
大家 dàjiā 여러분

(지시)대사

这 zhè 이(것); 이 사람
那 nà 저(것), 그(것); 저(그) 사람
这个 zhè ge(zhèi ge) 이것
那个 nà ge(nèi ge) 저것, 그것
这儿 zhèr 여기, 이곳
这里 zhèli 여기, 이곳
那儿 nàr 저기, 거기, 저곳, 그곳
那里 nàli 저기, 거기, 저곳, 그곳

(의문)대사

怎么样 zěnmeyàng 어떻다
什么 shénme 무엇, 무슨
哪 nǎ 어느, 어떤
几 jǐ 몇
谁 shéi 누구, 누가

(국적/언어)명사

韩国人 Hánguórén 한국인
韩(国)语 Hán(guó)yǔ 한국어
日本人 Rìběnrén 일본인
日(本)语 Rì(běn)yǔ 일어, 일본어
中国人 Zhōngguórén 중국인
汉语 Hànyǔ 한어, 중국어
美国人 Měiguórén 미국인
英国人 Yīngguórén 영국인
英语 Yīngyǔ 영어
法国人 Fǎguórén 프랑스인
法语 Fǎyǔ 불어, 프랑스어

수사

一 yī 일, 1 二 èr 이, 2 三 sān 삼, 3 四 sì 사, 4 五 wǔ 오, 5
六 liù 육, 6 七 qī 칠, 7 八 bā 팔, 8 九 jiǔ 구, 9 十 shí 십, 10
零 líng 영, 0 百 bǎi 백, 100
千 qiān 천, 1000 万 wàn 만, 10000

동사

见 jiàn 만나다
学习 xuéxí 학습(하다), 공부(하다)
姓 xìng 성이~이다
叫 jiào (이름을)~라고 부르다
认识 rènshi (사람을) 알다
是 shì ~이다; (adj.)맞다, 옳다
喜欢 xǐhuan 좋아하다
同岁 tóngsuì 동갑이다
吃 chī 먹다
有 yǒu 있다, 가지고 있다
没有 méiyǒu 없다
爱 ài 사랑하다; (n.)사랑

형용사

好 hǎo 좋다; 건강하다, 안녕하다
忙 máng 바쁘다
可以 kěyǐ 좋다, 괜찮다
累 lèi 피곤하다, 지치다
困 kùn 졸리다
饱 bǎo 배부르다
饿 è 배고프다
热 rè 덥다
冷 lěng 춥다
高兴 gāoxìng 즐겁다, 기쁘다
贵 guì 귀하다; 비싸다
大 dà 크다; (나이가)많다
普通 pǔtōng 보통이다, 일반적이다
对 duì 맞다, 옳다

(시간)명사

早上 zǎoshang 아침
晚上 wǎnshang 저녁
上午 shàngwǔ 오전
下午 xiàwǔ 오후
明天 míngtiān 내일
后天 hòutiān 모레
最近 zuìjìn 최근, 요즘
今年 jīnnián 올해

명사

老师 lǎoshī 선생님
名字 míngzi 이름
国 guó 나라
人 rén 사람
学生 xuésheng 학생
大学生 dàxuéshēng 대학생
留学生 liúxuéshēng 유학생
年纪 niánjì 나이, 연령
朋友 péngyou 친구
男朋友 nánpéngyou 남자 친구
女朋友 nǚpéngyou 여자 친구
同学 tóngxué 동창, 동급생
手机 shǒujī 핸드폰
书包 shūbāo 책가방
咖啡 kāfēi 커피
奶茶 nǎichá 밀크 티
笔 bǐ 필기구, 필
妈妈 māma 엄마
学校 xuéxiào 학교
公司 gōngsī 회사
家 jiā 집
爸爸 bàba 아빠
哥哥 gēge 형, 오빠
兄弟 xiōngdì 형제
姐妹 jiěmèi 자매
姐姐 jiějie 누나, 언니
课 kè 수업
时间 shíjiān 시간
钱 qián 돈
学生证 xuéshēngzhèng 학생증
奶奶 nǎinai 할머니
爷爷 yéye 할아버지
姥姥 lǎolao 외할머니
姥爷 lǎoye 외할아버지
妹妹 mèimei 여동생
弟弟 dìdi 남동생

부사

再 zài 또, 다시
也 yě ~도, 또한
很 hěn 아주, 매우
非常 fēicháng 대단히, 매우
还 hái 그런대로, 비교적
不 bù 아니다(부정을 나타냄)
不太 bú tài 그다지, 별로
都 dōu 모두, 전부
多 duō 얼마나
真 zhēn 정말, 진짜, 참으로
只 zhǐ 오직, 다만
还 hái 아직

양사

岁 suì 살, 세(나이를 세는 단위)

个 ge 개, 명(사람, 사물을 세는 양사)

口 kǒu 식구(가족 수를 세는 양사)

杯 bēi 잔, 컵

本 běn 권(책 등을 세는 양사)

접속사

和 hé ~와/과

조사

吗 ma ~ㅂ니까?

呢 ne ~는요?

的 de ~의

인사(기본)

A 你好！

Nǐ hǎo!

B 早上好！

Zǎoshang hǎo!

A 再见！

Zài jiàn!

B 明天见！

Míngtiān jiàn!

감사/사과

A 谢谢！

Xièxie!

B 不客气！

Bú kèqi!

A 对不起！

Duìbuqǐ!

B 没关系！

Méi guānxi!

인사(안부)

A 你好吗？

Nǐ hǎo ma?

A 你最近怎么样？

Nǐ zuìjìn zěnmeyàng?

B (我) 很好。

(Wǒ) Hěn hǎo.

B 还可以。

Hái kěyǐ.

이름 묻기

A 老师，您贵姓？

Lǎoshī, nín guì xìng?

B 我姓刘，(叫刘芳。)

Wǒ xìng Liú, (jiào Liú Fāng.)

A 你姓什么？

Nǐ xìng shénme?

B 我姓金。

Wǒ xìng Jīn.

A 你叫什么名字？

Nǐ jiào shénme míngzi?

B 我姓金，叫金秀炫。

Wǒ xìng Jīn, jiào Jīn Xiùxuàn.

국적 묻기

A 你是哪国人？

Nǐ shì nǎ guó rén?

B 我是韩国人。

Wǒ shì Hánguórén.

A 她们也是韩国人吗？

Tāmen yě shì Hánguórén ma?

B 不是，她们都是日本人。

Búshì, Tāmen dōu shì Rìběnrén.

나이 묻기

A 你(今年) 多大？

Nǐ (jīnnián) duō dà?

B 我(今年)二十一(岁)。

Wǒ (jīnnián) èrshíyī (suì).

A 他(今年)几岁？

Tā(jīnnián) jǐ suì?

B 他今年八岁。

Tā jīnnián bā suì.

A 你妈妈今年多大年纪？

Nǐ māma jīnnián duō dà niánjì?

B 我妈妈今年五十一(岁)。

Wǒ māma jīnnián wǔshíyī (suì).

사람 묻기

A 他是谁？

Tā shì shéi?

B 他是我朋友。

Tā shì wǒ péngyou.

물건 묻기

A 这是什么？

Zhè shì shénme?

B 这是书，是我们的汉语书。

Zhè shì shū.

A 这是谁的书？

Zhè shì shéi de shū?

B 不是我的，是我同学的。

Bú shì wǒ de, shì wǒ tóngxué de.

가족 수와 구성원 묻기

A 你家有几口人？

Nǐ jiā yǒu jǐ kǒu rén?

B 我家有四口人。

Wǒ jiā yǒu sì kǒu rén.

A 你家都有什么人？

Nǐ jiā dōu yǒu shénme rén?

B 爸爸、妈妈、哥哥和我。

Bàba、māma、gēge hé wǒ.

07 你在哪儿工作？

Nǐ zài nǎr gōngzuò?

어디에서 일하세요?

학습 목표

전치사 在의 용법

정반의문문

직업에 대해 묻기

명언 한 마디

07-01

开卷有益

Kāi juàn yǒu yì

책을 펼치면 이로움이 있다, 독서는 유익하다.

단어

读一读

07-02

做	zuò	동	하다, 만들다
工作	gōngzuò	명	일; 동 일하다
医生	yīshēng	명	의사
厉害	lìhai	형	대단하다
在	zài	전	~에서
哪儿	nǎr	대	어디, 어느 곳
大学	dàxué	명	대학교
医院	yīyuàn	명	병원
中午	zhōngwǔ	명	점심
饭	fàn	명	밥
一般	yìbān	형	보통이다; 부 일반적으로
食堂	shítáng	명	(교내, 사내)식당
饭菜	fàncài	명	밥과 반찬
贵	guì	형	비싸다

회화 1

说一说

박주영이 왕팡에게 그녀의 오빠가 어디에서 무슨 일을 하는지 묻습니다. 07-03

朴周英 Piáo Zhōuyīng	你哥哥做什么工作？ Nǐ gēge zuò shénme gōngzuò?
王芳 Wáng Fāng	他是医生。 Tā shì yīshēng.
朴周英 Piáo Zhōuyīng	他真厉害！他在哪儿工作？ Tā zhēn lìhai! Tā zài nǎr gōngzuò?
王芳 Wáng Fāng	他在大学医院工作。 Tā zài dàxué yīyuàn gōngzuò.

Tip

‘你做什么工作？’를 사용하여 무슨 일을 하는지에 대한 대답은 일반적으로 ‘是+ 직업 명칭’으로 합니다.

예: 她做什么工作？
她是公务员。公务员 gōngwùyuán 명 공무원

Quiz

1 ‘工作’는 다음 두 문장에서 각자 어떤 품사인지 어떤 의미인지를 구별하여 쓰시오.
(　　)(　　　　) 1. 你做什么工作？
(　　)(　　　　) 2. 你在哪儿工作？

Tip

‘工作’의 품사가 다르고, 또 앞에 사용한 부정부사에 따라 다른 의미가 나타납니다.

예: 不工作　　일하지 않다
没有工作　일자리 없다, (일하지 않았다)

본문 연습

朴周英　你哥哥做什么工作？
王芳　　他是医生。
朴周英　他真厉害！他在哪儿工作？
王芳　　他在大学医院工作。

회화 2

김수현이 왕팡에게 점심에 어디에서 밥을 먹는지 묻습니다. 07-04

金秀炫 Jīn Xiùxuàn	中午你在哪儿吃饭？ Zhōngwǔ nǐ zài nǎr chī fàn?
王芳 Wáng Fāng	一般在学生食堂吃。 Yìbān zài xuésheng shítáng chī.
金秀炫 Jīn Xiùxuàn	饭菜贵不贵？ Fàncài guì bu guì?
王芳 Wáng Fāng	还可以，不太贵。 Hái kěyǐ, bú tài guì.

Tip

점심이라는 시간명사는 문장에서 나타내는 위치가 비교적 자유로워서 주어 앞이나 뒤, 심지어 문장 끝에도 사용 가능합니다.
中午你在哪儿吃饭？
你中午在哪儿吃饭？
你在哪儿吃饭，中午？(드물게)

Quiz

2 '학생 식당의 밥과 반찬은 어때?' 라고 질문을 하려고 하면 어떻게 표현하나요?
(　　　　　　　　　　　　　　　　　　)

Quiz

3 '점심에 먹는 밥' 즉 '점심 밥' 이라는 표현을 중국어로 어떻게 하나요?
(　　) 1. 中饭
(　　) 2. 午饭

본문 연습

金秀炫	中午你在哪儿吃饭？	金秀炫	饭菜贵不贵？
王芳	一般在学生食堂吃。	王芳	还可以，不太贵。

단문

나의 여러 상황을 다양하게 소개하기

07-05

我最近很忙。中午一般在学生食堂吃。那儿的饭菜不太贵。我很喜欢我们学校食堂的饭菜。

Wǒ zuìjìn hěn máng. Zhōngwǔ yìbān zài xuésheng shítáng chī. Nàr de fàncài bú tài guì. Wǒ hěn xǐhuan wǒmen xuéxiào shítáng de fàncài.

我有一个哥哥，他是医生。他在大学医院工作，还没有女朋友。

Wǒ yǒu yí ge gēge, tā shì yīshēng. Tā zài dàxué yīyuàn gōngzuò, hái méiyǒu nǚpéngyou.

Tip

'喜欢'은 심리상태 동사이지만 일반 형용사와 마찬가지로 그 앞에 '很/非常'과 같은 정보 부사의 수식을 받을 수 있습니다. 비슷한 용법으로 '爱'도 있습니다.

예: 我 (很) 喜欢汉语。
　　我 (非常) 爱他们。

자유롭게 말해 보세요.

我最近很________。中午________在________吃饭。________的饭菜不太贵。我很喜欢________

________的饭菜。

我有一个________，他是________。他在________工作，还没有________。

1 전치사 在의 용법

전치사 在는 장소를 나타내는 명사 앞에 쓰여 '~에서' 라는 장소의 의미를 나타내고 동사 앞에 옵니다.

긍/부정문: 주어+ 在/不在 + 장소명사 +동사 (+목적어)

我	在	家	看书。	看 kàn 동 보다 07-06
		学校	工作。	
	不在	饭馆(儿)	吃饭。	饭馆(儿) fànguǎn(r) 명 음식점
		那里	学习。	

의문문: 주어+ 在 + 장소명사 +동사 (+목적어) + 吗？

你	在	学校医院	工作	吗？	07-07
		公司	实习		实习 shíxí 동 견습하다, 실습하다
		食堂	吃饭		
		这儿	喝咖啡		喝 hē 동 마시다

Tip

1. 한국어에서는 '집에서'라고 하지만, 중국어에서는 '에서在 + 집家'의 순서로 사용합니다.
2. 동작이 발생하는 장소를 나타내며 동사 앞에 사용합니다.

2 정반의문문

07-08

동사나 형용사의 긍정형과 부정형을 동시에 써서 질문을 할 수 있는데 이것을 정반의문문이라고 합니다.

你	去不去	学校？	去 qù 동 가다
	写不写	作业？	写 xiě 동 쓰다 作业 zuòyè 명 숙제

	饿不饿？	
现在	忙不忙？	现在 xiànzài 명 현재, 지금

Quiz

4 정반의문문 중의 '不'가 몇 성으로 읽나요?
(　　) 1. 경성
(　　) 2. 4성

이때 동사나 형용사가 2음절일 경우, 'A不AB'식으로 축약해서 사용할 수 있습니다.

07-09

你	喜(欢)不喜欢　它？	
	运(动)不运动？	运动 yùndòng 동 운동하다
	高(兴)不高兴？	
	辛(苦)不辛苦？	辛苦 xīnkǔ 형 고생스럽다

Quiz

5 정반의문문 뒤에 '吗'를 사용하나요?
(　　) 1. 예
(　　) 2. 아니오

Tip

정반의문문도 일반의문문처럼 질문을 나타내는 방식 중의 하나입니다. 의미는 비슷하나 한국어로 번역할 때 정/반의 뜻을 잘 살려줘야 합니다.
你有书吗？　　너는 책이 있어?
你有没有书？　너는 책이 있어 없어?

연습 문제

练一练

1. 녹음을 듣고 빈칸에 한어병음을 알맞게 쓰세요. 07-10

① Nǐ zuò ....?

② Wǒ zài .... gōngzuò.

③ Yìbān .... chī.

④ Fàncài ...., ... guì.

2. 다음 문장을 중국로 써 보세요.

① 너의 언니는 무슨 일을 하니?

....?

② 그녀는 공무원이야.

....。

③ 나는 일하지 않아, 나는 학생이야.

....。

④ 너희는 어디에서 밥을 먹니?

....?

3. 다음 중국어 문장을 읽고 괄호 내의 제시어를 사용하여 말해 보세요.

① 她是医生。 (명사: 老师 , 公务员 , 学生)

....。

② 你在哪儿工作? (동사 부분: 学习 , 写作业 , 喝咖啡

....?

③ 我一般在学生食堂吃饭。 (장소 명사: 家 , 老师食堂 , 饭馆儿)

....。

④ 饭菜贵不贵? (의문 방식: 贵吗 , 怎么样 , 好不好)

....?

4. 다음 단어를 활용하여 말해 보세요.

① 

在哪儿/工作

② 

家/饭菜

중국 문화

看一看

직업 명칭에 대해 이제까지 '老师', '医生'과 '公务员'을 배웠습니다. 자주 사용하는 다른 직업 명칭 및 그들이 근무하는 장소도 같이 배워보겠습니다.

대부분 학생들은 졸업 후 본인의 전공을 살려 회사원으로 일합니다.

公司 gōngsī 회사
银行 yínháng 은행
职员 zhíyuán 직원

공항에서는 일하는 사람들의 직업도 여러 가지가 있습니다.

机场 jīchǎng 공항
免税店 miǎnshuìdiàn 면세점
空姐 kōngjiě 스튜어디스
乘务员 chéngwùyuán 승무원
地勤人员 dìqín rényuán 지상 근무 요원

언제 어디서나 마음 편하게 제 일을 할 수 있는 프리랜서도 많이 늘어나고 있습니다.

自由职业者 zìyóu zhíyèzhě 프리랜서

08 今天几月几号?

Jīntiān jǐ yuè jǐ hào?

오늘은 몇 월 며칠인가요?

학습 목표

날짜 표현

요일 표현

명사술어문

명언 한 마디

08-01

每天进步一点点

Měitiān jìnbù yì diǎn diǎn

매일 조금씩 발전하고 있다.

단어

08-02

今天	jīntiān	명	오늘
月	yuè	명	월, 달
号	hào	명	일
生日	shēngrì	명	생일
下个月	xià gè yuè	명	다음 달
星期	xīngqī	명	주, 요일
一会儿	yíhuìr	명	짧은 시간 내, 잠시 후
专业	zhuānyè	명	전공, 학과
那	nà	접	그러면, 그렇다면
下课	xià kè	동	수업이 끝나다
以后	yǐhòu	명	~이후
一起	yìqǐ	부	같이, 함께
吧	ba	조	~하자

회화 1

说一说

리웨이가 김수현에게 생일 날짜에 대해 묻습니다. 08-03

李伟 Lǐ Wěi	今天几月几号？ Jīntiān jǐ yuè jǐ hào?
金秀炫 Jīn Xiùxuàn	五月二十号。 Wǔ yuè èrshí hào.
李伟 Lǐ Wěi	你的生日几月几号？ Nǐ de shēngrì jǐ yuè jǐ hào?
金秀炫 Jīn Xiùxuàn	下个月二十五号。 Xià gè yuè èrshíwǔ hào.

Quiz

1 '金秀炫的生日几月几号？'에 대한 정답은 무엇인가요?

(　　) 1. 四月二十五号

(　　) 2. 六月二十号

(　　) 3. 六月二十五号

Quiz

2 '우리 학교 창립기념일이 몇 월 며칠인가요?' 라는 표현을 중국어로 어떻게 하나요?

A: (　　　　　　的生日) 几月几号？

B: (　　　　)月(　　　　)号。(4월 28일)

본문 연습

李伟	今天几月几号？
金秀炫	五月二十号。
李伟	你的生日几月几号？
金秀炫	下个月二十五号。

회화 2

왕팡은 박주영에게 수업 일정을 물어보고 같이 식사하자고 청합니다. 08-04

王芳 Wáng Fāng	今天星期几？ Jīntiān xīngqī jǐ?
朴周英 Piáo Zhōuyīng	星期三。你下午有课吗？ Xīngqīsān. Nǐ xiàwǔ yǒu kè ma?
王芳 Wáng Fāng	没有。你呢？ Méiyǒu. Nǐ ne?
朴周英 Piáo Zhōuyīng	我一会儿有专业课。 Wǒ yíhuìr yǒu zhuānyè kè.
王芳 Wáng Fāng	那下课以后，一起吃饭吧。 Nà xiàkè yǐhòu, yìqǐ chī fàn ba.
朴周英 Piáo Zhōuyīng	好的。 Hǎo de.

Quiz

3 '이따 봐.'에 해당하는 중국어 표현이 무엇이나요? (   )

Tip

1. '~以后'는 시간이나 동작 뒤에 사용하여 '~후에, ~하고 난 후'의 의미를 나타냅니다
2. '누구와 같이 무엇을 하다.'의 표현을 중국어로 '주어+和+누구+一起+동사(+목적어)'로 나타냅니다.
   예: 我和朋友一起喝咖啡。

본문 연습

王芳	今天星期几？
朴周英	星期三。你下午有课吗？
王芳	没有。你呢？
朴周英	我一会儿有专业课。
王芳	那下课以后，一起吃饭吧。
朴周英	好的。

단문

수업 날짜나 생일 날짜를 소개하기

08-05

今天五月二十号，星期三。我下午有专业课。下课以后，我和朋友一起吃饭。
Jīntiān wǔ yuè èrshí hào, xīngqīsān. Wǒ xiàwǔ yǒu zhuānyè kè. Xiàkè yǐhòu, wǒ hé péngyou yìqǐ chī fàn.

我的生日八月十八号，星期二。
Wǒ de shēngrì bā yuè shíbā hào, xīngqī'èr.

Quiz

4 중국어에서는 발음이 비슷한 이유로 숫자 '520/521'로 어떤 특별한 뜻을 표현하나요?
한 번 읽고 맞춰보세요. (   )

자유롭게 말해 보세요.

今天..........月..........号，星期..........。我下午有..........课。下课..........

.........., 我和..........一起..........。

我的生日..........月..........号，星期..........。

어법

1 날짜 표현

08-06

날짜를 표현할 때 한국어와 같이 연, 월, 일, 요일, 시간 순으로 큰 단위부터 점점 작은 단위의 순으로 나타냅니다.

	표현	규칙
연도	二零二二年 2022년 èr líng èr èr nián	숫자를 하나하나 따로 읽고, 마지막에 年을 붙임
월	五月 5월 wǔ yuè	숫자(1부터 12까지) 뒤에 月를 붙임
일	十五号/日 15일 shíwǔ hào/rì	숫자(1부터 31까지) 뒤에 号/日를 붙임 号: 구어체 日: 문어체

이 외에, 자주 사용하는 다른 시간 표현은 다음과 같습니다.

그저께 前天 qiántiān	어제 昨天 zuótiān	오늘 今天 jīntiān	내일 明天 míngtiān	모레 后天 hòutiān
재작년 前年 qiánnián	작년 去年 qùnián	올해 今年 jīnnián	내년 明年 míngnián	내후년 后年 hòunián
지지난 달 上上个月 shàng shàng gè yuè	지난 달 上个月 shàng gè yuè	이번 달 这个月 zhè gè yuè	다음 달 下个月 xià gè yuè	다다음 달 下下个月 xià xià gè yuè

2 요일 표현

08-07

요일을 표현할 때 **星期 xīngqī**나 **周 zhōu**를 붙여서 나타냅니다.

	표현	규칙
월화수 목금토	星期一/周一 星期六/周六	星期 뒤에 숫자(一부터 六까지)를 붙임 周 뒤에 숫자(一부터 六까지)를 붙임
일요일	星期天/日 周日	天: 구어체/日: 문어체 日만 가능
주말	周末 zhōumò	

이 외에, 자주 사용하는 요일 표현은 다음과 같습니다.

지지난 주	지난 주	이번 주	다음 주	다다음 주
上上个星期 shàng shàng gè xīngqī 上上周 shàng shàng zhōu	上个星期 shàng gè xīngqī 上周 shàng zhōu	这个星期 zhè gè xīngqī 这周 zhè zhōu	下个星期 xià gè xīngqī 下周 xià zhōu	下下个星期 xià xià gè xīngqī 下下周 xià xià zhōu

3 명사술어문

08-08

날짜, 요일, 나이, 시간, 금액 등의 명사는 일반적으로 是 없이 술어로 쓰일 수 있는데 이를 '명사술어문' 이라고 합니다. 하지만, 부정은 '不是' 라고 해야 합니다.

긍정문	부정문
今天五月二十号。	今天不是五月十九号。
今天星期一。	今天不是星期二。
我(今年)二十岁。	我不是二十一岁。

Tip

이제까지 배운 세 가지 술어문을 정리 해 봅니다.

1. 형용사술어문:
   我很忙，也很累。
2. 동사술어문:
   我吃饭，我喝咖啡。
3. 명사술어문:
   今天五月二十号，星期三。

연습 문제 **练一练**

1. 녹음을 듣고 빈칸에 한어병음을 알맞게 쓰세요. 08-09

① Jīntiān .... ?

② Míngtiān shì ....

③ Wǒ xiàwǔ ....

④ Xiàkè yǐhòu, ... ba.

2. 다음 문장을 중국어로 써 보세요.

① 어제는 몇 월 며칠이니?

....?

② 수업이 끝난 후, 같이 커피 마시자.

....。

③ 나 내일 전공 수업이 있어.

....。

④ 오늘은 내 친구의 생일이야.

....。

3. 다음 중국어 문장을 읽고 괄호 내의 제시어를 사용하여 말해 보세요.

① 今天几月几号？ (질문 방식: 星期几，是你的生日吗，是不是十九号)

....？

② 我今天下午没有课。 (명사: 星期四，明天，五月二十号)

....。

③ 下课以后，一起吃饭吧。 (동사 부분: 学习，运动，喝咖啡)

....。

④ 我一会儿有专业课。 (명사: 汉语课，时间，工作)

....。

4. 다음 단어를 활용하여 말해 보세요.

①  生日

②  一起/吃饭

중국 문화

看一看

중국과 한국에서 예전부터 주로 음력(阴历 yīnlì)으로 생일을 보냈는데, 요즘에는 기억의 편의를 위해 양력(阳历 yánglì)으로 생일을 보내는 추세입니다.

미역국 海带汤 hǎidàitāng

한국에서는 생일에 미역국을 먹는 풍습이 있습니다. 엄마가 아이를 낳았을 때 여러 가지 영양 성분이 풍부한 미역국을 주로 먹듯이 생일날도 이런 엄마의 은혜를 잊지 말자는 취지에서 먹습니다.

长寿面 chángshòumiàn 장수면
鸡蛋 jīdàn 계란

중국에서는 장수를 기원하는 의미에서 생일에 장수면을 먹습니다. 아울러 옛적에 귀했던 계란도 두 개쯤 같이 먹는 전통이 있습니다.

寿桃 shòutáo 蛋糕 dàngāo
복숭아 모양 케이크

중국에서는 생일 때, 특히 나이 드신 분에게 일반적으로 장수의 의미가 담겨진 복숭아 모양의 케이크를 사 드립니다.

09 几点上课？

Jǐ diǎn shàng kè?

몇 시에 수업하나요?

학습 목표

시간 표현

연동문

하루 일과 소개

명언 한 마디

09-01

早睡早起身体好

Zǎo shuì zǎo qǐ shēntǐ hǎo

일찍 자고 일찍 일어나면 건강에 좋다.

단어

09-02

现在	xiànzài	명	현재, 지금
点	diǎn	명	시
差	chà	형	부족하다, 모자라다
分	fēn	양	분
跟	gēn	접	~와/과
约	yuē	명	약속
半	bàn	수	반, 30분
料理	liàolǐ	명	요리
口语	kǒuyǔ	명	구어, 회화
开始	kāishǐ	동	시작하다
上课	shàng kè	동	수업하다, 수업을 듣다
什么时候	shénme shíhou	대	언제
刻	kè	양	15분

회화 1

리웨이는 김수현에게 약속 시간에 대해 묻습니다. 09-03

李伟 Lǐ Wěi	现在几点？ Xiànzài jǐ diǎn?
金秀炫 Jīn Xiùxuàn	差十分六点。 Chà shí fēn liù diǎn.
李伟 Lǐ Wěi	你几点跟朋友有约？ Nǐ jǐ diǎn gēn péngyou yǒu yuē?
金秀炫 Jīn Xiùxuàn	六点半，我跟朋友去吃韩国料理。 Liù diǎn bàn, wǒ gēn péngyou qù chī Hánguó liàolǐ.

Quiz

1 여기서 '跟'은 '~와/과'의 의미를 가진 접속사입니다. 앞에서 배운 어떤 단어의 의미와 용법이 비슷하나요? (　　　　　)

Tip

1. 시간 표현도 명사술어문에 포함되니 중간에 是 없이 바로 시간이 나와야 합니다.
2. '差'는 '모자라다, 부족하다'라는 의미인데 시간을 말할 때 '몇 분 전'을 나타냅니다. 따라서 差十分六点은 6시 10분 전이고, 즉 6시 되려면 10분 모자라, 5:50분이라는 의미입니다.

본문 연습

李伟	现在几点？
金秀炫	差十分六点。
李伟	你几点跟朋友有约？
金秀炫	六点半，我跟朋友去吃韩国料理。

회화 2

왕팡이 김수현에게 수업 시간에 대해 묻습니다. 09-04

王芳 Wáng Fāng	你今天有没有课? Nǐ jīntiān yǒu méiyǒu kè?
金秀炫 Jīn Xiùxuàn	有，我有汉语口语课。 Yǒu, wǒ yǒu Hànyǔ kǒuyǔ kè.
王芳 Wáng Fāng	几点开始上课? Jǐ diǎn kāishǐ shàng kè?
金秀炫 Jīn Xiùxuàn	下午三点开始。 Xiàwǔ sān diǎn kāishǐ.
王芳 Wáng Fāng	什么时候下课? Shénme shíhou xià kè?
金秀炫 Jīn Xiùxuàn	五点三刻。 Wǔ diǎn sān kè.

Tip

'开始'는 '시작하다' 라는 동사이고, 뒤에 다른 동사를 붙여 '무엇을 하기 시작하다' 라는 의미가 됩니다. 즉 开始 + v.

예: 几点开始?　　　몇 시에 시작하니?
几点开始上课?　　　몇 시에 수업 시작하니?

Quiz

2 김수현은 무슨 수업을 듣나요? (　　　　　　　　)

3 그 수업은 얼마 동안 했나요?

(　　) 1. 2시간 반　(　　) 2. 2시간 45분

본문 연습

王芳　你今天有没有课?

金秀炫　有，我有汉语口语课。

王芳　几点开始上课?

金秀炫　下午三点开始。

王芳　什么时候下课?

金秀炫　五点三刻。

단문

일정 소개하기

09-05

我今天有课，是汉语口语课。下午三点开始上口语课，五点三刻下课。
Wǒ jīntiān yǒu kè, shì Hànyǔ kǒuyǔ kè. Xiàwǔ sān diǎn kāishǐ shàng kǒuyǔ kè, wǔ diǎn sān kè xià kè.

我六点半跟朋友有约，一起去吃韩国料理。我们都非常喜欢吃韩国料理。
Wǒ liù diǎn bàn gēn péngyou yǒu yuē, yìqǐ qù chī Hánguó liàolǐ. Wǒmen dōu fēicháng xǐhuan chī Hánguó liàolǐ.

Tip

'上课'는 'v.+n.' 의 구조로 이루어지며 어떤 수업을 표현하고자 할 때 v.와 n. 사이에 들어가야 합니다.
예: 上汉语课　　上专业课

자유롭게 말해 보세요.

我______有课，是______课。______开始上课，______下课。

我______跟朋友有约，一起去______。我们都非常______。

1 시간 표현

09-06

시	분	15분	30분/반	모자라다/~전
点 diǎn	分 fēn	刻 kè	半 bàn	差 chà
아침	오전	점심	오후	저녁
早上 zǎoshang	上午 shàngwǔ	中午 zhōngwǔ	下午 xiàwǔ	晚上 wǎnshang

	표현	규칙
1:01分	一点零一分 yī diǎn líng yī fēn	1. 숫자 '1'은 성조 변하지 않음 2. '0'은 零으로 읽음
2:02分	两点零二分 liǎng diǎn líng èr fēn	1. 숫자 '2'는 시 앞에 两点으로 읽음 2. 숫자 '2'는 분 앞에 二分으로 읽음
1:15分	一点一刻 yī diǎn yí kè 一点十五(分) yī diǎn shíwǔ fēn	1. 숫자 '1'은 刻 앞에 성조 변해야 함 2. '10' 초과할 때, 마지막 分을 생략 가능
3:30分	三点半 sān diǎn bàn 三点三十(分)	半 = 三十(分)
5:45分	五点三刻 五点四十五(分) 差一刻六点 chà yí kè liù diǎn 差十五分六点	刻 = 十五(分) 一刻와 三刻만 있음
7:55分	七点五十五(分) 差五分八点	差를 사용할 때 뒤의 시간은 '숫자 +1'로 함

Quiz

4 半나 刻의 시간 표현 뒤에 分을 사용하나요?

( ) 1. 예

( ) 2. 아니오

Tip

'差十五分六点'의 경우, 비록 10 초과하지만, 앞과 뒤에 다 숫자로 연결되기 때문에 '分'을 생략하지 않습니다.

Quiz

5 왼쪽의 사진을 어떻게 정확하게 읽나요?
(　　　　　)年(　　)月(　　　)日星期(　　)
晚上(　　)点(　　　　)分

2 연동문

09-07

한 문장 안에서 동사 두 개 이상을 연이어 쓰는 문장을 '연동문' 이라고 합니다. 이때 동작이 일어나는 순서대로 동사를 사용합니다.

我	去	吃韩国料理。
		买书。
		那儿　看电影。
		饭馆　喝酒。

买 mǎi 동 사다, 구매하다
电影 diànyǐng 명 영화
酒 jiǔ 명 술

Tip

연동문 '我去买书。'의 경우, '나는 책을 사러 간다.'와 '나는 가서 책을 산다.' 두 가지 한국어 해석이 다 가능하지만, 중국어에서는 오로지 시간 순서대로 해야 합니다.

3 하루 일과 소개 我的一天 wǒ de yì tiān

09-08

7:00	起床 qǐ chuáng 일어나다	8:10	吃早饭
8:30	去学校	9:00~ 11:50	上课 下课
12:00~	吃午饭 喝咖啡	13:00~ 14:30	看书 学习汉语
15:00~ 17:30	写作业 休息 xiūxi 휴식하다	18:00	吃晚饭
19:00	看手机	23:00	睡觉 shuì jiào (잠을)자다

연습 문제

练一练

1. 녹음을 듣고 해당하는 그림을 찾아보세요. 09-09

① .... ② ....

③ .... ④ ....

2. 다음 문장을 중국어로 써 보세요.

① 너 몇 시에 수업 시작하니?

....?

② 나는 친구와 약속이 있어.

....。

③ 너는 언제 수업이 끝나니?

....?

④ 나는 한국 요리 먹는 것을 아주 좋아해.

....。

3. 다음 중국어 문장을 읽고 괄호 내의 제시어를 사용하여 말해 보세요.

① 你几点跟朋友有约？ (질문 방식: 几号，什么时候，星期几)

....?

② 我跟朋友去吃韩国料理。 (연동문: 去看电影，去买手机，去那儿喝酒)

....。

③ 六点半，我跟朋友有约。 (주어 복수: 我和朋友，我们，我跟同学)

....。

④ 下午三点开始上课。 (동사 부분: 写作业，看书，休息)

....。

4. 다음 단어를 활용하여 말해 보세요.

① 

去/喝咖啡

② 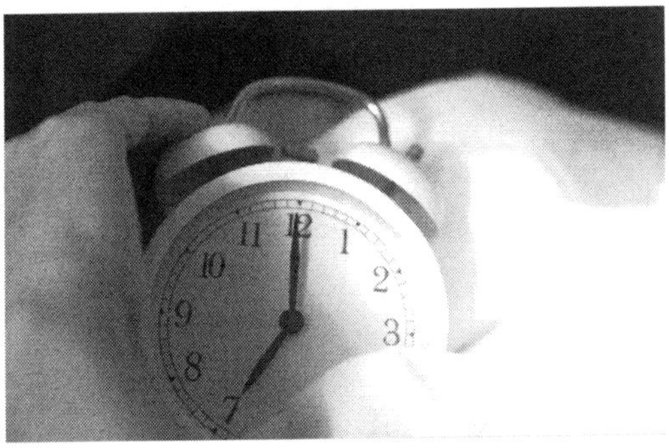

7点/起床

중국 문화

看一看

12띠의 이야기를 많이 들어봤죠? 옛적에 시간을 지금처럼 24시간으로 나눠진 것이 아니고 12시진으로 나눠집니다. 시진은 时辰 shíchén 이니 한 시진은 현재의 두 시간입니다. 각각 '자축인묘진사오미신유술해'에 12가지 동물의 이름도 붙였습니다. 따라서 한 시간이라는 표현은 앞에 작을 小자를 붙여 '시간'을 의미하는 '小时 xiǎoshí'가 됩니다.

子(자)
鼠 shǔ(쥐)

丑(축)
牛 niú(소)

寅(인)
虎 hǔ(범)

卯(묘)
兔 tù(토끼)

辰(진)
龙 lóng(용)

巳(사)
蛇 shé(뱀)

午(오)
马 mǎ(말)

未(미)
羊 yáng(양)

申(신)
猴 hóu(원숭이)

酉(유)
鸡 jī(닭)

戌(술)
狗 gǒu(개)

亥(해)
猪
zhū(돼지)

자시를 예를 들자면 밤 11시부터 새벽 1시의 두 시간을 나타냅니다. 나머지는 순차적으로 두 시간씩 나타냅니다.
사극 드라마에서 종종 '반 시진', '한 시진'이라는 표현이 나오는데, 12시진을 기반했습니다.

10 一共多少钱？

Yígòng duōshao qián?

모두 얼마예요?

학습 목표

금액 표현

조동사의 용법

几와 多少의 차이

명언 한 마디

10-01

一分钱一分货

Yì fēn qián yì fēn huò

1전에 대하여는 1전짜리 물품. 가격에 따라 품질이 다르다.

단어

10-02

西瓜	xīguā	명	수박
斤	jīn	양	근(무게 단위, 500g)
多少	duōshao	대	얼마
钱	qián	명	돈
售货员	shòuhuòyuán	명	판매원
块	kuài	양	위안(중국 화폐 단위)
苹果	píngguǒ	명	사과
怎么	zěnme	대	어떻게, 어째서
卖	mài	동	팔다
一共	yígòng	부	모두, 전부
要	yào	조동	~하려고 하다; ~할 것이다
买	mǎi	동	사다, 구입하다
想	xiǎng	조동	~하고 싶다
不错	búcuò	형	괜찮다, 좋다
太	tài	부	아주, 매우, 대단히
便宜	piányi	형	싸다, 저렴하다
一点儿	yìdiǎnr	수량	약간, 조금

회화 1

说一说

10-03

박주영이 과일 가게에서 수박과 사과를 구입합니다.

朴周英 西瓜一斤多少钱？
Piáo Zhōuyīng Xīguā yì jīn duōshao qián?

售货员 一斤两块八。
shòuhuòyuán Yì jīn liǎng kuài bā.

朴周英 苹果怎么卖？
Piáo Zhōuyīng Píngguǒ zěnme mài?

售货员 两块钱一斤。
shòuhuòyuán Liǎng kuài qián yì jīn.

朴周英 半个西瓜、一斤苹果，一共多少钱？
Piáo Zhōuyīng Bàn ge xīguā、yì jīn píngguǒ, yígòng duōshao qián?

售货员 一共十九块六。
shòuhuòyuán Yígòng shíjiǔ kuài liù.

Tip

1. '怎么+v.'는 방식이나 원인 등을 물을 때 사용합니다.
2. 중국에서는 고기, 과일, 채소, 심지어 계란 등을 모두 무게에 따라 판매합니다. 종류와 상관없이 1근 = 500g입니다.

Quiz

1 '2원/1근'은 중국어로 어떻게 표현하나요?

( ) 1. 两块（钱）一斤

( ) 2. 一斤两块（钱）

본문 연습

朴周英 西瓜一斤多少钱？

售货员 一斤两块八。

朴周英 苹果怎么卖？

售货员 两块钱一斤。

朴周英 半个西瓜、一斤苹果，一共多少钱？

售货员 一共十九块六。

회화 2

김수현이 핸드폰 가게에서 가격을 흥정합니다. 10-04

售货员 您好！您要买什么？
Shòuhuòyuán Nín hǎo! Nín yào mǎi shénme?

金秀炫 我想买一个手机。
Jīn Xiùxuàn Wǒ xiǎng mǎi yí ge shǒujī.

售货员 这个怎么样？
shòuhuòyuán Zhè ge zěnmeyàng?

金秀炫 不错，多少钱？
Jīn Xiùxuàn Bú cuò, duōshao qián?

售货员 九百八十块。
shòuhuòyuán Jiǔ bǎi bāshí kuài.

金秀炫 太贵了，便宜（一）点儿吧。
Jīn Xiùxuàn Tài guì le, piányi (yì)diǎnr ba.

售货员 好，那九百块吧。
shòuhuòyuán Hǎo, nà jiǔ bǎi kuài ba.

Tip

1. '不错'는 따로 사용하거나 앞에 정도부사를 더해 '很/非常不错'처럼 사용합니다.
2. '吧'는 8과에서 '~하자'로 배웠는데, 여기서는 '~해라, 하십시오' 처럼 부탁이나 제안을 나타냅니다.

Quiz

2 '더 깎아주세요.'를 중국어로 어떻게 표현하나요? (   )

본문 연습

售货员 您好！您要买什么？
金秀炫 我想买一个手机。
售货员 这个怎么样？
金秀炫 不错，多少钱？
售货员 九百八十块。
金秀炫 太贵了，便宜（一）点儿吧。
售货员 好，那九百块吧。

단문

물건 구매하는 것을 소개하거나 가격 흥정하기

10-05

西瓜一斤两块八，苹果一斤两块。我买半个西瓜和一斤苹果，一共十九块六。
Xīguā yì jīn liǎng kuài bā, píngguǒ yì jīn liǎng kuài. Wǒ mǎi bàn ge xīguā hé yì jīn píngguǒ, yígòng shíjiǔ kuài liù.

这个手机不错，我喜欢。这个手机九百八十块。我说："太贵了，便宜（一）点儿吧。"
Zhè ge shǒujī bú cuò, wǒ xǐhuan. Zhè ge shǒujī jiǔ bǎi bāshí kuài. Wǒ shuō: "Tài guì le, piányi (yì)diǎnr ba."

자유롭게 말해 보세요.

西瓜一斤..........，苹果一斤..........。我买..........西瓜和..........苹果，

一共..........。

这个..........不错，我..........。这个手机..........。我说："太..........了，

..........（一）点儿吧。"

어법

1 금액 표현

10-06

중국 화폐의 이름은 人民币(Rénmínbì)이며 약자는 RMB라고 하고 부호는 ￥입니다. 화폐 단위는 구어체로 块 kuài/ 毛 máo/ 分 fēn이 있으며, 문어체로 元 yuán/ 角 jiǎo/ 分 fēn이 있습니다. 分은 금액이 너무 작아서 잘 사용하지 않습니다.

1元/块 = 10角/毛 = 100分

인민폐는 다음과 같이 읽습니다.

	표현	규칙
7元	七块（钱）/ 七元（钱）	1. 화폐 단위가 하나만 있는 경우, 숫자+단위+（钱） 2. 읽을 때, '2'는 两으로 읽음
0.2元	两毛（钱）/ 两角（钱）	
0.02元	两分（钱）	
6.8元	六块八（毛）/ 六元八（角）	화폐 단위가 2개 이상 나오는 경우, 마지막 단위는 생략 가능
9.99元	九块九毛九（分）/ 九元九角九(分)	
18.08元	十八块零八（分）	毛자리의 숫자가 '0'일 경우, 零으로 읽음
2.2元	两块两毛 两块二	1. 단위가 있는 경우, '2'는 两으로 읽음 2. 단위가 없는 경우, '2'는 二로 읽음
506.88元	五百零六块八毛八（分） 五百零六元八角八（分）	1. 구어체, 맞춰서 일치하게 사용 2. 문어체, 맞춰서 일치하게 사용

2 조동사의 용법

조동사는 동사 앞에 놓여 동사를 보조해 주는 역할을 합니다.
'想'은 '~하고 싶다' 라는 의미로 소망과 바람 등을 나타냅니다. 부정은 '不想'입니다.

10-07

我 想 / 不想	买手机。	
	去咖啡厅。	咖啡厅 kāfēitīng 명 커피숍
	见朋友。	
	喝饮料。	饮料 yǐnliào 명 음료수

'要'는 '~하려고 하다; ~할 것이다' 라는 의미로 의지와 계획 등을 나타냅니다. 부정은 '不想' 입니다.

10-08

我 要	去买衣服。	衣服 yīfu 명 옷
	吃苹果。	
不想	喝酒。	
	看电视。	电视 diànshì 명 텔레비전

Tip

'不要'는 '~하지 마라' 라는 명령의 의미를 나타냅니다.
예: 不要去！가지 마!

3 几와 多少의 차이

10-09

의문대사 几와 多少의 차이는 다음과 같습니다.

	수량 제한	규칙	질문	대답
几	몇, 10이하의 수	几 +양사 +명사	你有几本书？	我有两本书。
多少	얼마, 10 초과한 비교적 큰 숫자	多少 (+양사) +명사	一共有多少(个)学生？	一共有40个学生。

Tip

'多少'로 질문할 때 양사 없이 多少+n.가 가능하지만, 대답할 때 수사+양사+명사로 합니다.

Quiz

3 시간, 날짜, 요일을 물을 때 보통 어느 것을 사용하나요?
( ) 1. 几
( ) 2. 多少

Quiz

4 가격, 전화번호, 나라 인구 수를 물을 때 보통 어느 것을 사용하나요?
( ) 1. 几
( ) 2. 多少

연습 문제 练一练

1. 녹음을 듣고 해당하는 가격을 보기처럼 중국어로 쓰세요. 10-10

보기

'六十九块'를 들으면 69元으로 쓰기

① .... ② ....

③ .... ④ ....

⑤ .... ⑥ ....

2. 다음 문장을 중국어로 써보세요.

① 수박 한 근에 얼마니?

............................?

② 나 핸드폰 하나 사고 싶어.

............................。

③ 너무 비싸요, 좀 깎아 주세요.

............................。

④ 커피 두 잔, 음료수 한 잔, 모두 얼마예요?

............................?

3. 다음 중국어 문장을 읽고 괄호 내의 제시어를 사용하여 말해 보세요.

① 我想买一本书。 (동사 부분: 要买 , 买 , 想去买)

............................。

② 西瓜多少钱一斤? (명사/양사: 苹果/一斤 , 咖啡/一杯 , 手机/一个)

............................?

③ 西瓜怎么卖? (의문 방식: 多少钱一斤 , 一斤多少钱 , 多少钱)

............................?

④ 我要看书 , 不想看手机。 (동사 부분: 看电影 , 喝酒 , 写作业)

............................。

4. 다음 단어를 활용하여 말해 보세요.

① 

苹果/怎么卖

② 

要/买什么

看一看

현재 유통되고 있는 인민폐는 중국 정부가 1999년에 발행된 기초 위에 2015, 2019와 2020년 거쳐 새롭게 발행된 것입니다. 지폐 앞면은 모두 제1기 중국 국가주석 毛泽东 Máo Zédōng의 모습이고 뒷면은 중국 대표적인 관광 명승지입니다. 시간이 되면 한번쯤 구경 갔다 오는 것도 괜찮습니다.

1원 인민폐의 뒷면은 항주 서호의 삼담인월(三潭印月)이고, 5원 인민폐의 뒷면은 동악 태산(泰山)이며, 10원 인민폐의 뒷면은 장강 삼협의 쿠이먼(夔门)입니다.

20원 인민폐의 뒷면은 궤이린(桂林) 산수이고, 50원 인민폐의 뒷면은 티베트 포탈라 궁(布达拉宫)이며, 100원 인민폐의 뒷면은 베이징 인민대회당(人民大会堂)입니다.

요즘 중국에서 微信(wēixìn, wechat)나 支付宝(zhīfùbǎo)로 지불하는 방식도 있습니다.

11 银行在哪儿？

Yínháng zài nǎr?

은행이 어디에 있나요?

학습 목표

방위사

在와 有의 용법 차이

去……怎么走？의 용법

명언 한 마디

11-01

事半功倍

Shì bàn gōng bèi

적은 노력으로 많은 효과를 거두다.

단어

读一读

11-02

请问	qǐngwèn	관용	말씀 좀 묻겠습니다
银行	yínháng	명	은행
在	zài	동	~에 있다
旁边	pángbiān	명	옆, 근처
附近	fùjìn	명	부근, 근처
书店	shūdiàn	명	서점
就	jiù	부	바로
对面	duìmiàn	명	맞은 편
不用	búyòng	동	~할 필요가 없다
知道	zhīdào	동	알다
超市	chāoshì	명	슈퍼마켓
走	zǒu	동	가다, 걷다
一直	yìzhí	부	곧바로, 계속
往	wǎng	전	~쪽으로, ~을 향해
前	qián	명	앞
远	yuǎn	형	멀다
分钟	fēnzhōng	명	분 동안(시간의 길이를 나타냄)

회화 1

김수현이 지나가는 학생에게 은행이 어디에 있는지 묻습니다. 11-03

金秀炫 Jīn Xiùxuàn	请问，银行在哪儿？ Qǐngwèn, yínháng zài nǎr?
学生 xuésheng	在学生食堂旁边。 Zài xuésheng shítáng pángbiān.
金秀炫 Jīn Xiùxuàn	那附近有书店吗？ Nà fùjìn yǒu shūdiàn ma?
学生 xuésheng	有，就在银行对面。 Yǒu, jiù zài yínháng duìmiàn.
金秀炫 Jīn Xiùxuàn	谢谢你！ Xièxie nǐ!
学生 xuésheng	不用谢！ Búyòng xiè!

Quiz

1 '어디'의 중국어 표현은 '哪儿' 외에 또 무엇이 있나요? (   )

Tip

1. 길을 알려줄 때, 손가락으로 어딘가를 가리키면서 '就在那儿/就在那里'처럼 사용하기도 합니다.
2. '谢谢！'에 대한 대답으로 '不客气' 외에 '不用谢！'와 '不谢！'도 있습니다.

본문 연습

金秀炫	请问，银行在哪儿？
学生	在学生食堂旁边。
金秀炫	那附近有书店吗？
学生	有，就在银行对面。
金秀炫	谢谢你！
学生	不用谢！

회화 2

박주영이 핸드폰의 화면을 보고 슈퍼마켓의 위치를 묻습니다. 11-04

朴周英 Piáo Zhōuyīng	请问，你知道这超市吗？ Qǐngwèn, nǐ zhīdào zhè chāoshì ma?
行人 xíngrén	知道，就在这儿附近。 Zhīdào, jiù zài zhèr fùjìn.
朴周英 Piáo Zhōuyīng	那去超市怎么走？ Nà qù chāoshì zěnme zǒu?
行人 xíngrén	一直往前走。 Yìzhí wǎng qián zǒu.
朴周英 Piáo Zhōuyīng	远吗？ Yuǎn ma?
行人 xíngrén	不太远，走五分钟吧。 Bú tài yuǎn, zǒu wǔ fēnzhōng ba.

Tip

'一直往前走'처럼 '부사+전치사+방위사+v.' 식으로 가는 길을 알려 줄 수 있습니다. 전치사는 방위사 앞에 사용합니다.

Quiz

2 '分'과 '分钟'의 용법은 다음 두 문장에서 각자 어떤 의미인지 구별하여 쓰시오.

1. 我六点三十分学习。(   )
2. 我学习三十分钟。 (   )

본문 연습

朴周英	请问，你知道这超市吗？
行人	知道，就在这儿附近。
朴周英	那去超市怎么走？
行人	一直往前走。
朴周英	远吗？
行人	不太远，走五分钟吧。

단문

위치나 가는 길을 알려주기

11-05

我想去书店和超市。银行在学生食堂旁边，书店在银行对面。
Wǒ xiǎng qù shūdiàn hé chāoshì. Yínháng zài xuésheng shítáng pángbiān, shūdiàn zài yínháng duìmiàn.

超市在这儿附近。要去超市，一直往前走。超市不太远，走五分钟。
Chāoshì zài zhèr fùjìn. Yào qù chāoshì, yìzhí wǎng qián zǒu. Chāoshì bú tài yuǎn, zǒu wǔ fēnzhōng.

자유롭게 말해 보세요.

我想去________和________。________在学生食堂________，________在银行________。

________在这儿________。要去________，一直往前走。________不太远，走________分钟。

1 방위사

11-06

방향과 위치를 나타내는 명사를 '방위사' 라고 합니다. 자주 사용하는 방위사는 다음과 같습니다.

동쪽 东边 dōngbian	서쪽 西边 xībian	남쪽 南边 nánbian	북쪽 北边 běibian
위쪽 ⇔ 아래쪽 上边 shàngbian 下边 xiàbian		왼쪽 ⇔ 오른쪽 左边 zuǒbian 右边 yòubian	
앞쪽 ⇔ 뒤쪽 前边 qiánbian 后边 hòubian		안쪽 ⇔ 바깥쪽 里边 lǐbian 外边 wàibian	
옆쪽 旁边 pángbiān	맞은편 对面 duìmiàn		

이 외에, 지시대사 这/那와 의문대사 哪를 이용하여 위치를 나타낼 수 있습니다. 11-07

여기	저기, 거기	어디
这儿 zhèr 这里 zhèli	那儿 nàr 那里 nàli	哪儿 nǎr 哪里 nǎli

Tip

'边 biān'은 원래 1성이지만, 방위사로 쓰일 때에 접미사 역할을 하고 있어서 '旁边 pángbiān'을 제외하고 모두 경성으로 읽습니다.

2 在와 有의 용법 차이

'在'와 '有'는 모두 사람이나 사물이 어떤 장소에 존재하는 것을 표현할 때 사용합니다. 단, 두 동사의 차이는 다음과 같습니다. 11-08

在: 사람/사물 + 在 + 장소	~는 어디에 있다
사람/사물 + 不在 + 장소	~는 어디에 없다

银行在学生食堂旁边。

图书馆不在超市东边。

我在她前边。

手机不在书上边。

图书馆 túshūguǎn 명 도서관

有: 장소 + 有 + 사람/사물	~에 누가/무엇이 있다
장소 + 没有 + 사람/사물	~에 누가/무엇이 없다

11-09

这附近没有书店。

桌子上边有一本书。

我们学校有很多学生。

银行旁边没有超市。

桌子 zhuōzi 명 책상, 탁자

Tip

'有一本书/有很多学生'처럼 有자문의 긍정문에서는 명사 앞에 수량을 추가하여 나타낼 수 있지만, 在자문의 주어 위치에는 수량을 추가할 수 없습니다.

Quiz

3 '在'의 부정형은 무엇이나요?
(　　) 1. 不在
(　　) 2. 没在

4 '有'의 부정형은 무엇이나요?
(　　) 1. 不有
(　　) 2. 没有

3 去……怎么走?의 용법

11-10

이 문장에서 '가다' 라는 의미를 나타내는 동사는 去와 走 두 개가 있습니다. '去'는 주로 목적지 앞에 사용하고 생략할 수 있습니다. '走'는 주로 '걷다' 라는 동작 자체에 중점을 두고 있습니다.

(去) + 장소(목적지) + 怎么 + 走?

我们一起去学校吧。

超市不太远，走五分钟吧。

请问，(去) 洗手间怎么走?

快去吧。/快走吧。

洗手间 xǐshǒujiān 명 화장실

快 kuài 형 빠르다; 부 빨리

Tip

'快去吧'는 어떤 목적지를 향해 빨리 ~에 가라의 뜻을 나타내지만, '快走吧'는 동작 자체에만 집중해 빨리 (걸어)가자의 뜻을 나타냅니다.

연습 문제

练一练

1. 녹음을 듣고 빈칸에 한자를 알맞게 쓰세요. 11-11

A ________，银行________哪儿？

B 在学生食堂________。

A 那附近________吗？

B 有，________银行对面。

A 谢谢________！

B ________！

2. 다음 문장을 중국어로 써 보세요.

① 은행은 학생 식당 옆에 있어.

____。

② 서점은 바로 도서관 맞은편에 있어.

____。

③ 실례합니다, 화장실이 어디에 있나요?

____?

④ 앞으로 쭉 직진하세요.

____。

3. 다음 중국어 문장을 읽고 괄호 내의 제시어를 사용하여 말해 보세요.

① 我们学校有<u>很多学生</u>。 (명사 부분: 很多书，两个食堂，图书馆)

____。

② 请问，银行<u>在哪儿</u>？ (질문 방식: 在哪里，在西边吗，在这儿附近吗)

____?

③ <u>去超市</u>怎么走？ (목적지: 超市/ 请问，去超市/ 去图书馆)

____?

④ <u>不太远</u>，走<u>五</u>分钟。　　　　(거리/시간: 不远，几/ 很远，二十/ 太远了，四十)

....。

4. 보기를 참고하여 아래 빈 칸을 채워주세요.

보기

这是我们学校。我们学校很大，里边有图书馆和食堂。图书馆在食堂右边。外边有超市、银行和书店。超市在学校西边，银行在学校东边。书店呢？书店就在学校后边。

중국 문화

남향집과 같은 어휘처럼 방위사는 사물의 방향과 위치를 설명할 때 중요한 역할을 합니다. 만약 방위사가 방향을 나타내 주지 않으면 해당 어휘는 다른 의미가 될 수 있습니다.

东西

dōngxī 로 읽을 때에는 동쪽과 서쪽을 뜻하는 방위사지만, 만약 dōngxi로 읽으면 '물건'을 뜻하게 됩니다. '물건을 사러 간다'를 표현하려면 '我去买东西。'로 사용합니다.

左右 zuǒyòu

左右는 왼쪽과 오른쪽을 뜻하는 방위사지만, 만약 숫자 뒤에 쓰이면 그 숫자를 기준으로 '쯤, 가량'이라는 뜻이 됩니다. 왼쪽 시계를 읽을 때는 '现在十二点左右。'라고 합니다.

上 shàng ⇔ 下 xià

옛적에 집을 대부분 남향을 향해 지었습니다. '화장실'은 洗手间 외에 통속적인 이름 厕所(cèsuǒ)를 사용하고 '주방'은 발음 그대로 厨房(chúfáng)이라고 합니다. 따라서 북쪽에 위치한 화장실에 가는 것은 '上厕所/上洗手间', 남쪽에 위치한 주방에 가는 것은 '下厨房'이 됩니다.

12 来一个麻婆豆腐！

Lái yí ge mápó dòufu!

마포더우푸 하나 주세요!

학습 목표

好吃 류 형용사의 용법

请의 용법

来의 용법

명언 한 마디

12-01

坚持就是胜利!

Jiānchí jiù shì shènglì!

끝까지 버티면 승리하는 것이다.

단어

12-02

菜	cài	명	요리
特别	tèbié	부	특별히, 아주; 형 특별하다
好吃	hǎochī	형	맛있다
请客	qǐngkè	동	한턱내다, 초대하다
下次	xiàcì	명	다음 번
服务员	fúwùyuán	명	종업원
点	diǎn	동	주문하다
来	lái	동	오다; (어떤 동작을)하다
麻婆豆腐	mápó dòufu	명	마포더우푸[음식명]
西红柿炒鸡蛋	xīhóngshì chǎo jīdàn	명	시훙슬차오지단[음식명]
还	hái	부	더, 또
要	yào	동	원하다
别的	bié de	명	다른 것
碗	wǎn	양	공기; 그릇
米饭	mǐfàn	명	쌀밥
稍等	shāo děng	관용	잠깐 기다리다
等	děng	동	기다리다

회화 1

리웨이는 김수현에게 중국 요리를 한 턱 내겠다고 말합니다. 12-03

李伟 Lǐ Wěi	今天中午你想吃什么？ Jīntiān zhōngwǔ nǐ xiǎng chī shénme?
金秀炫 Jīn Xiùxuàn	我想吃中国菜。 Wǒ xiǎng chī Zhōngguó cài.
李伟 Lǐ Wěi	我们去学校附近的饭馆儿吧。 Wǒmen qù xuéxiào fùjìn de fànguǎnr ba.
金秀炫 Jīn Xiùxuàn	好。那儿的菜特别好吃。 Hǎo. Nàr de cài tèbié hǎochī.
李伟 Lǐ Wěi	今天我请客！ Jīntiān wǒ qǐng kè!
金秀炫 Jīn Xiùxuàn	那下次我请你！ Nà xiàcì wǒ qǐng nǐ!

Tip

'那儿的菜特别特别。'도 가능한 표현이네요. 왜냐하면 '特别'는 부사도 되고 형용사도 되기 때문이에요.

예: 부사　我特别高兴。
　형용사　她很特别。

Quiz

1 '오늘 내가 너희들에게 중국 요리를 사줄게.'를 중국어로 어떻게 표현하나요?
(　　　　　　　　　　　　　　　　)

본문 연습

李伟	今天中午你想吃什么？
金秀炫	我想吃中国菜。
李伟	我们去学校附近的饭馆儿吧。
金秀炫	好。那儿的菜特别好吃。
李伟	今天我请客！
金秀炫	那下次我请你！

회화 2

김수현과 함께 식당에 간 리웨이가 음식을 주문합니다. 12-04

李伟 Lǐ Wěi	服务员，点菜！ Fúwùyuán, diǎn cài!
服务员 fúwùyuán	你们要点什么菜？ Nǐmen yào diǎn shénme cài?
李伟 Lǐ Wěi	来一个麻婆豆腐和一个西红柿炒鸡蛋。 Lái yí ge mápó dòufu hé yí ge xīhóngshì chǎo jīdàn.
服务员 fúwùyuán	还要别的吗？ Hái yào biéde ma?
李伟 Lǐ Wěi	再来两碗米饭吧。 Zài lái liǎng wǎn mǐfàn ba.
服务员 fúwùyuán	好的，请稍等。 Hǎode, qǐng shāo děng.

Tip

'要'는 두 번 나왔는데 각각 다른 품사와 용법을 갖고 있습니다.

조동사(~할 것이다) 要点什么菜？

동사(원하다) 还要别的吗？

Quiz

2 리웨이와 김수현은 무엇을 주문했나요?

( )

3 '어떤 음료수를 필요하세요?'를 중국어로 어떻게 표현하나요?

( )

본문 연습

李伟	服务员，点菜！
服务员	你们要点什么菜？
李伟	来一个麻婆豆腐和一个西红柿炒鸡蛋。
服务员	还要别的吗？
李伟	再来两碗米饭吧。
服务员	好的，请稍等。

단문

약속을 잡고 음식 주문하기

12-05

今天中午我想吃中国菜。我们去学校附近的饭馆儿，那儿的菜特别好吃。今天李伟请客！下次我请他！

Jīntiān zhōngwǔ wǒ xiǎng chī Zhōngguó cài. Wǒmen qù xuéxiào fùjìn de fànguǎnr, nàr de cài tèbié hǎochī. Jīntiān Lǐ Wěi qǐng kè! Xiàcì wǒ qǐng tā!

我们点一个麻婆豆腐、一个西红柿炒鸡蛋和两碗米饭。

Wǒmen diǎn yí ge mápó dòufu、yí ge xīhóngshì chǎo jīdàn hé liǎng wǎn mǐfàn.

자유롭게 말해 보세요.

今天中午我想吃________。我们去学校附近的________，那儿的菜________好吃。

今天李伟________！下次我请________！

我们________一________麻婆豆腐、一________西红柿炒鸡蛋和两________米饭。

어법

1 好吃류 형용사의 용법

12-06

'好吃'처럼 '형용사 好 + 동사'로 이루어진 형용사가 많이 있습니다. 대표적인 것들은 다음과 같습니다.

	긍정식	부정식
adj.	好吃 먹기 좋다, 맛있다	不好吃
	好看 보기 좋다, 아름답다; 재미있다	不好看
	好喝 마시기 좋다, (음료수 따위가) 맛있다	不好喝
	好听 (말 또는 소리가) 듣기 좋다	不好听
	好写 쓰기 쉽다	不好写
	好做 하기 쉽다; 만들기 쉽다	不好做
	好玩(儿) 재미있다, 흥미 있다	不好玩儿
	好买 구입하기 쉽다	不好买

Tip

'형용사 好 + 동사 吃'로 이루어진 '好吃'는 형용사이기 때문에 문장에서 술어가 되려면 앞에 무조건 부사가 있어야 합니다.

예: 咖啡很好喝。
手机非常好玩儿。玩(儿) wán(r) 동 놀다

2 请의 용법

12-07

'请'은 '초대하다; 청하다' 라는 의미를 가진 동사입니다. 누구에게 정중하게 무엇을 부탁하거나 초대할 때 사용합니다.

今天是我的生日，我请客。

她请我看电影。

请问，银行在哪儿？ 问 wèn 동 묻다

请你说！ 说 shuō 동 말하다

Tip

'我请客'의 경우, '손님으로 초대하겠다'의 뜻이며, '我请你/她/金秀炫'처럼 请뒤에 사람을 붙이면 됩니다. 하지만 구체적으로 무엇을 하도록 초대하겠다고 표현하려면 '我请你喝咖啡。'처럼 나타내야 합니다.

예: 她请客。 秀炫请我们。
  她请我吃韩国料理。

3 来의 용법

12-08

'来'는 원래 '오다'의 뜻을 가진 동사입니다. 이 외에 '(어떤 동작을) 하다' 라고 적극적으로 어떤 일을 하고자 할 때나 음식을 주문할 때도 자주 사용합니다.

	의미	예문
来	1. (동사) 오다	请明天来学校。
	2. (동사) 하다(적극적으로 하기)	我来说。
	3. (동사) ~을 주문하다	来一瓶可乐。
		来两杯啤酒。

瓶 píng 양 병 **可乐** kělè 명 콜라

啤酒 píjiǔ 명 맥주

연습 문제 练一练

1. 녹음을 듣고 빈칸에 한자를 알맞게 쓰세요. 12-09

A ________，________！

B 你们________什么菜？

A 来________麻婆豆腐和________米饭。

B ________吗？

A ________一瓶可乐。

B 好的，请________。

2. 다음 문장을 중국어로 써 보세요.

① 우리 학교 근처의 음식점으로 가자.

____。

② 다음 번에 한국 요리를 사 줘.

____。

③ 어떤 요리를 주문하시겠습니까?

____?

④ 알겠습니다. 조금만 기다려 주세요.

____。

3. 다음 중국어 문장을 읽고 괄호 내의 제시어를 사용하여 말해 보세요.

① 那儿的菜特别好吃。 (부사/형용사: 很好吃，非常好吃，太好吃了)

____。

② 我想去饭馆儿吃中国菜。 (명사: 韩国菜，日本料理，好吃的)

____。

③ 来一个麻婆豆腐。 (수사+양사+명사: 两碗饭，两瓶啤酒，一杯饮料)

____。

④ 你们要点什么菜？　　　　　(동사 부분: 点，吃，想点)

?

4. 다음 그림을 참고하여 중국 요리를 주문해 보세요.

중국 문화

看一看

맛있는 음식을 먹는 것만큼 행복한 일이 많지 않습니다. 음식의 천국이라는 중국에 놀러간다면 이것 저것 맛보고 싶어합니다. 한국 사람들의 입맛에 맞는 중국 요리 몇 가지를 소개합니다.

양러우촬
羊肉串儿 yángròuchuànr

양고기를 작게 썰어 철사나 대나무 꼬치에 끼워서 숯불에 구워서 여러 매운 양념을 찍어 먹는 요리입니다.

마라샹궈
麻辣香锅 málà xiāng guō

여러 야채나 육류 등을 매운 사천식 양념 소스에 볶아서 나오는 요리입니다.

베이징 카오야
北京烤鸭 Běijīng kǎoyā

화덕에서 껍질을 바삭바삭하고 살을 부드럽게 구운 오리 구이를 얇게 썰어 밀전병에 놓고, 파나 오이채를 함께 얹어 먹는 요리입니다.

복습

07~12

(의문)대사

哪儿 nǎr 어디, 어느 곳

多少 duōshao 얼마

什么时候 shénme shíhou 언제

怎么 zěnme 어떻게, 어째서

동사

做 zuò 하다, 만들다

看 kàn 보다

喝 hē 마시다

写 xiě 쓰다

下课 xià kè 수업이 끝나다

上课 shàng kè 수업하다, 수업을 듣다

起床 qǐ chuáng 일어나다

睡觉 shuì jiào (잠을)자다

在 zài ~에 있다

知道 zhīdào 알다

请客 qǐngkè 한턱내다, 초대하다

来 lái 오다; (어떤 동작을)하다

等 děng 기다리다

说 shuō 말하다

工作 gōngzuò 일하다; (n.)일

实习 shíxí 견습하다, 실습하다

去 qù 가다

运动 yùndòng 운동하다

开始 kāishǐ 시작하다

买 mǎi 사다, 구매하다

休息 xiūxi 휴식하다

卖 mài 팔다

不用 búyòng ~할 필요가 없다

走 zǒu 가다, 걷다

点 diǎn 주문하다

要 yào 원하다

问 wèn 묻다

조동사

要 yào ~하려고 하다; ~할 것이다

想 xiǎng ~하고 싶다

형용사

厉害 lìhai 대단하다

辛苦 xīnkǔ 고생스럽다

不错 búcuò 괜찮다, 좋다

远 yuǎn 멀다

一般 yìbān 보통이다; (adv.)일반적으로

差 chà 부족하다, 모자라다

便宜 piányi 싸다, 저렴하다

好吃 hǎochī 맛있다

好玩(儿) hǎowánr 재미있다, 흥미 있다

快 kuài 빠르다; (adv.)빨리

명사

医生 yīshēng 의사

医院 yīyuàn 병원

食堂 shítáng (교내, 사내)식당

公务员 gōngwùyuán 공무원

作业 zuòyè 숙제

专业 zhuānyè 전공, 학과

料理 liàolǐ 요리

电影 diànyǐng 영화

西瓜 xīguā 수박

苹果 píngguǒ 사과

饮料 yǐnliào 음료수

电视 diànshì 텔레비전

旁边 pángbiān 옆, 근처

书店 shūdiàn 서점

超市 chāoshì 슈퍼마켓

大学 dàxué 대학교

饭 fàn 밥

饭菜 fàncài 밥과 반찬

饭馆儿 fànguǎnr 음식점

生日 shēngrì 생일

约 yuē 약속

口语 kǒuyǔ 구어, 회화

酒 jiǔ 술

售货员 shòuhuòyuán 판매원

咖啡厅 kāfēitīng 커피숍

衣服 yīfu 옷

银行 yínháng 은행

附近 fùjìn 부근, 근처

对面 duìmiàn 맞은 편

前 qián 앞

分钟 fēnzhōng 분 동안(시간의 길이를 나타냄)

图书馆 túshūguǎn 도서관

洗手间 xǐshǒujiān 화장실

下次 xiàcì 다음 번

米饭 mǐfàn 쌀밥

桌子 zhuōzi 책상, 탁자

菜 cài 요리

服务员 fúwùyuán 종업원

麻婆豆腐 mápó dòufu 마포더우푸[음식명]

西红柿炒鸡蛋 xīhóngshì chǎo jīdàn 시홍슬치오지단[음식명]

附近 fùjìn 부근, 근처

啤酒 píjiǔ 맥주

可乐 kělè 콜라

(시간)명사

中午 zhōngwǔ 점심

今天 jīntiān 오늘

号 hào 일

星期 xīngqī 주, 요일

以后 yǐhòu ~이후

昨天 zuótiān 어제

周末 zhōumò 주말

现在 xiànzài 현재, 지금

月 yuè 월, 달

下个月 xià ge yuè 다음 달

一会儿 yíhuìr 짧은 시간 내, 잠시 후

前天 qiántiān 그저께

去年 qùnián 작년

点 diǎn 시

부사

一起 yìqǐ 같이, 함께

太 tài 아주, 매우, 대단히

一直 yìzhí 곧바로, 계속

还 hái 더, 또

一共 yígòng 모두, 전부

就 jiù 바로

特别 tèbié 특별히, 아주; (adj.)특별하다

접속사

那 nà 그러면, 그렇다면

跟 gēn ~와/과

전치사

在 zài ~에서

往 wǎng ~쪽으로, ~을 향해

조사

吧 ba ~하자

양사

分 fēn 분

斤 jīn 근(무게 단위, 500g)

刻 kè 15분

块 kuài 위안(중국 화폐 단위)

(一)点儿 (yì)diǎnr 약간, 조금

碗 wǎn 공기, 그릇

瓶 píng 병

직업 및 근무 장소 묻기

A 你哥哥做什么工作？

Nǐ gēge zuò shénme gōngzuò?

B 他是医生。

Tā shì yīshēng.

A 他在哪儿工作？

Tā zài nǎr gōngzuò?

B 他在大学医院工作。

Tā zài dàxué yīyuàn gōngzuò.

의견 묻기

A 饭菜贵不贵？

Fàncài guì bu guì?

B 还可以，不太贵。

Hái kěyǐ, bú tài guì.

날짜 및 요일 묻기

A 今天几月几号？

Jīntiān jǐ yuè jǐ hào?

B 五月二十号。

Wǔ yuè èrshí hào.

A 今天星期几？

Jīntiān xīngqī jǐ?

B 星期三。

Xīngqīsān.

시간 묻기1

A 现在几点？

Xiànzài jǐ diǎn?

B 差十分六点。

Chà shí fēn liù diǎn.

A 你几点跟朋友有约？

Nǐ jǐ diǎn gēn péngyou yǒu yuē?

B 六点半，我跟朋友去吃韩国料理。

Liù diǎn bàn, wǒ gēn péngyou qù chī Hánguó liàolǐ.

시간 묻기2

A 几点开始上课？

Jǐ diǎn kāishǐ shàng kè?

B 下午三点开始。

Xiàwǔ sān diǎn kāishǐ.

A 什么时候下课？

Shénme shíhou xià kè?

B 五点三刻。

Wǔ diǎn sān kè.

가격 묻기 및 흥정하기

A 西瓜一斤多少钱？

Xīguā yì jīn duōshao qián?

B 一斤两块八。

Yì jīn liǎng kuài bā.

A 苹果怎么卖？

Píngguǒ zěnme mài?

B 两块钱一斤。

Liǎng kuài qián yì jīn.

A 太贵了，便宜(一)点儿吧。

Tài guì le, piányi (yì)diǎnr ba.

B 好，那九百块吧。

Hǎo, nà jiǔ bǎi kuài ba.

물건 사기

A 您好！您要买什么？

Nín hǎo! Nín yào mǎi shénme?

B 我想买一个手机。

Wǒ xiǎng mǎi yí ge shǒujī.

길 묻기1

A 请问，银行在哪儿？

Qǐngwèn, yínháng zài nǎr?

B 在学生食堂旁边。

Zài xuésheng shítáng pángbiān.

A 那附近有书店吗？

Nà fùjìn yǒu shūdiàn ma?

B 有，就在银行对面。

Yǒu, jiù zài yínháng duìmiàn.

길 묻기2

A 请问，你知道这超市吗？

Qǐngwèn, nǐ zhīdào zhè chāoshì ma?

B 知道，就在这儿附近。

Zhīdào, jiù zài zhèr fùjìn.

A 那去超市怎么走？

Nà qù chāoshì zěnme zǒu?

B 一直往前走。

Yìzhí wǎng qián zǒu.

한턱내기

A 今天我请客！

Jīntiān wǒ qǐng kè!

B 那下次我请你！

Nà xiàcì wǒ qǐng nǐ!

주문하기

A 服务员，点菜！

Fúwùyuán, diǎn cài!

B 你们要点什么菜？

Nǐmen yào diǎn shénme cài?

A 来一个麻婆豆腐和一个西红柿炒鸡蛋。

Lái yí ge mápó dòufu hé yí ge xīhóngshì chǎo jīdàn.

B 还要别的吗？

Hái yào biéde ma?

A 再来两碗米饭吧。

Zài lái liǎng wǎn mǐfàn ba.

B 好的，请稍等。

Hǎode, qǐng shāo děng.

부록

- 본문 해석
- 듣기 대본 및 모범 답안
- 단어 색인

본문 해석

01과 안녕하세요 !

회화 1

김수현	안녕!
왕 팡	좋은 아침!
리웨이	잘 가!
박주영	내일 만나!

회화 2

박주영	고마워!
왕 팡	천만에!
김수현	미안해!
리웨이	괜찮아!

02과 요즘 어떻게 지내시죠 ?

회화 1

김수현	너는 잘 지내니?
리웨이	(나는)잘 지내. 너는?
김수현	나도 잘 지내. 너 요즘 바쁘니?
리웨이	매우 바빠.

회화 2

왕 팡	너는 요즘 어떻게 지내니?
박주영	그냥 그래.
왕 팡	너 공부는 힘들니?
박주영	별로 힘들지 않아.

03과 이름이 어떻게 되세요?

회화 1

김수현 선생님, 성함이 어떻게 되세요?
유 선생님 내 성은 유씨다. 너 이름이 뭐니?
김수현 유 선생님, 안녕하세요! 저는 김씨이고, 김수현이라고 해요.
유 선생님 안녕! 만나서 반가워.

회화 2

유 선생님 너는 어느 나라 사람이니?
박주영 저는 한국인이에요.
유 선생님 그녀들도 한국인이니?
박주영 아니요. 그녀들은 모두 일본인이에요.

단문

여러분, 안녕! 여러분을 만나게 되어서 반가워. 나는 김씨이고 김수현이라고 해. 한국인이야. 나는 중국어를 공부해. 요즘 그냥 그렇고, 별로 바쁘지도 않고, 힘들지도 않아. 고마워!

04과 올해 나이가 어떻게 되세요?

회화 1

왕 팡 주영, 너 올해 나이가 어떻게 되니?
박주영 나 올해 21살이야. 너 나이는?
왕 팡 나도 21살이야.
박주영 정말 좋네! 우리 동갑이야.

회화 2

리웨이 그는 누구니?
박주영 그는 내 친구야.
리웨이 너의 남자 친구니?
박주영 아니, 그냥 보통 친구야.

단문

그녀는 올해 21살이고 우리 동갑이야. 그녀는 나의 여자 친구가 아니고, 보통 친구야. 그녀는 유학생이고 나도 유학생이야. 우리는 모두 중국어 공부하는 것을 좋아해.

05과 이것은 무엇인가요?

회화 1

리웨이	이것은 무엇이니?
박주영	이것은 책이고, 우리의 중국어 책이야.
리웨이	이것은 누구의 책이니?
박주영	(이것은) 내 것이 아니고 내 동창의 것이야.

회화 2

김수현	저것은 너의 핸드폰이니?
왕 팡	맞아, 나의 핸드폰/내 것이야.
김수현	너의 핸드폰은 비싸니?
왕 팡	나의 핸드폰/내 것은 아주 비싸.

단문

이건 중국어 책이고 내 거야. 저건 내 동창의 거고 영어 책이야. 우리는 중국어를 공부하고, 또한 영어도 공부해.
이건 나의 핸드폰이고 저건 그녀의 거야. 우리의 핸드폰은 모두 비싸.

06과 가족이 몇 명인가요?

회화 1

박주영	너의 집은 식구가 몇이니?
왕 팡	우리 집은 네 식구가 있어.
박주영	너의 집은 모두 누구누구 있니?
왕 팡	아빠, 엄마, 오빠 그리고 나야.

회화 2

김수현	너는 형제자매가 있니?
리웨이	나는 누나가 한 명 있어.
김수현	너의 누나는 남자 친구가 있니?
리웨이	아직은 남자 친구가 없어.

단문

우리 집은 네 식구가 있고 아빠, 엄마, 언니 그리고 나야. 내 아빠는 올해 52살이고 요즘 매우 바쁘셔. 내 엄마는 45살이고 그다지 바쁘지 않으셔.
내 언니는 올해 23살이고 또한 대학생이야. 나는 우리 집을 사랑해!

07과 어디에서 일하세요?

회화 1

박주영 너의 오빠는 무슨 일을 하니?
왕 팡 그는 의사야.
박주영 그는 참 대단해! 그는 어디에서 일하니?
왕 팡 그는 대학교 병원에서 일해.

회화 2

김수현 점심에 너는 어디에서 밥을 먹니?
왕 팡 보통 학생 식당에서 먹어.
김수현 밥과 반찬은 비싸 안 비싸?
왕 팡 그냥 그래, 별로 비싸지 않아.

단문

나는 요즘 바빠. 점심은 보통 학생 식당에서 먹어. 거기의 밥과 반찬은 별로 비싸지 않아. 나는 우리 학교 식당의 밥과 반찬을 아주 좋아해.
나는 오빠 한 명이 있어, 그는 의사야. 그는 대학교 병원에서 일해, 아직은 여자 친구가 없어.

08과 오늘은 몇 월 며칠인가요?

회화 1

리웨이 오늘은 몇 월 며칠이니?
김수현 5월 20일이야.
리웨이 네 생일은 몇 월 며칠이니?
김수현 다음 달 25일이야.

회화 2

왕 팡 오늘은 무슨 요일이니?
박주영 수요일이야. 너 오후에 수업이 있니?
왕 팡 없어. 너는?
박주영 나 이따가 전공 수업이 있어.
왕 팡 그럼 수업 끝난 후, 같이 밥 먹자.
박주영 좋아.

단문

오늘은 5월 20일이고 수요일이야. 나는 오후에 전공 수업이 있어. 수업이 끝난 후, 나는 친구와 같이 밥을 먹어.
내 생일은 8월 18일이고 화요일이야.

09과 몇 시에 수업하나요?

회화 1

리웨이 지금 몇 시니?
김수현 6시 10분 전이야.
리웨이 너 몇 시에 친구와 약속이 있니?
김수현 6시 반. 나는 친구와 한국 요리를 먹으로 가.

회화 2

왕 팡 너 오늘 수업이 있어 없어?
김수현 있어. 나는 중국어 회화 수업이 있어.
왕 팡 너 몇 시에 수업 시작해?
김수현 오후 3시에 시작해.
왕 팡 언제 수업이 끝나니?
김수현 5시 45분이야.

단문

나는 오늘 수업이 있어, 중국어 회화 수업이야. 오후 3시에 회화 수업을 시작해, 5시 45분에 끝나. 나는 6시 반에 친구와 약속이 있어, 같이 한국 요리를 먹으러 가. 우리 모두 한국 요리 먹는 것을 아주 좋아해.

10과 모두 얼마예요?

회화 1

박주영 수박은 한 근에 얼마예요?
판매원 한 근에 2.8위안이에요.
박주영 사과는 어떻게 팔아요?
판매원 한 근에 2위안이에요.
박주영 수박 반 통, 사과 한 근, 모두 얼마예요?
판매원 모두 19.6위안이에요.

회화 2

판매원 안녕하세요. 무엇을 사시겠습니까?
김수현 저는 핸드폰 하나를 사려고 해요.
판매원 이거 어때요?
김수현 괜찮아요. 얼마예요?
판매원 980위안이에요.
김수현 너무 비싸요. 좀 깎아주세요.
판매원 좋아요. 그럼 900위안으로 해드릴게요.

단문

수박은 한 근에 2.8위안이고 사과는 한 근에 2위안이야. 나는 수박 반 통과 사과 한 근을 사는데 모두 19.6위안이야.
이 핸드폰은 괜찮고 나는 마음에 들어. 이 핸드폰은 980위안이야. 나는 "너무 비싸요, 좀 깎아주세요." 라고 말했어.

11과 은행이 어디에 있나요?

회화 1

김수현	말씀 좀 묻겠습니다. 은행이 어디에 있나요?
학 생	학생 식당 옆에 있어요.
김수현	그 근처에 서점이 있나요?
학 생	있어요. 바로 은행 맞은편에 있어요.
김수현	감사합니다!
학 생	천만에요!

회화 2

박주영	말씀 좀 묻겠습니다. 이 슈퍼마켓을 알아요?
행 인	알아요. 바로 여기 근처에 있어요.
박주영	그러면 슈퍼에 어떻게 가나요?
행 인	앞으로 쭉 가세요.
박주영	멀어요?
행 인	별로 안 멀어요. 걸어서 5분이면 돼요.

단문

나는 서점과 슈퍼마켓에 가고 싶어. 은행은 학생 식당 옆에 있어, 서점은 은행 맞은편에 있어. 슈퍼는 여기 근처에 있어. 슈퍼에 가려면 앞으로 쭉 가면 돼. 슈퍼는 별로 멀지 않고 걸어서 5분이면 돼.

12과 마포더우푸 하나 주세요!

회화 1

리웨이	오늘 점심에 너는 무엇을 먹고 싶니?
김수현	나는 중국 요리를 먹고 싶어.
리웨이	우리 학교 근처의 음식점으로 가자.
김수현	좋아. 거기의 음식은 특히 맛있어.
리웨이	오늘은 내가 한턱낼게!
김수현	그럼 다음에는 내가 살게!

회화 2

리웨이	종업원, 주문할게요!
종업원	무슨 요리를 주문하시겠어요?
리웨이	마포더우푸 하나, 시홍슬차오지단 하나 주세요.
종업원	더 필요하신 것 없으세요?
리웨이	밥 두 공기 더 주세요.
종업원	알겠습니다. 조금만 기다려 주세요.

단문

오늘 점심에 나는 중국 요리를 먹고 싶어. 우리는 학교 근처의 음식점으로 가, 거기의 음식은 특히 맛있어. 오늘은 리웨이가 한턱내고 다음에는 내가 살 거야.
우리는 마포더우푸 하나, 시홍슬차오지단 하나와 밥 두 공기를 시킨다.

듣기 대본

중국어의 발음

퀴즈

1 2. 아니오

01 안녕하세요!

퀴즈

1 2. 아니오

2 2. 내일

3 2. 老师们

4 2. 아니오

연습 문제

녹음대본		
❶ máng	❷ kǎo	❸ zuìjìn
❹ yǒu	❺ tóngxué	❻ chīfàn

3 ① 早上好！
② 老师好！/老师，您好！
③ 对不起！
④ 明天下午见！

02 요즘 어떻게 지내시죠?

퀴즈

1 2. 다르다

2 2. 아니오

3 2. 아니오

연습 문제

녹음대본	
❶ wǔge	❷ shēngmǔ
❸ guójì	❹ jīntiān
❺ yóuyǒng/yǒu yǒng	❻ lùjūn

2 ① 我很好。
② 你饿吗？
③ 我们不太忙。
④ 你们最近怎么样？

03 이름이 어떻게 되세요?

퀴즈

1 2. 认识老师，我也很高兴。
3. 认识您，我也很高兴。

2 2. 아니오

3 2. 中国老师

4 2. 아니오

5 1. 我们也都很忙。

연습 문제

녹음대본		
❶ pīnyīn	❷ fāmíng	❸ qǐngkè
❹ kāfēi	❺ huíyì	❻ chuānghu

2 ① 她是哪国人？
② 他们都是中国人。
③ 我们也都是大学生。
④ 认识老师，(我)很高兴！

04 올해 나이가 어떻게 되세요?

퀴즈

1 2. 아니오

2 2. 我们同岁。

3 1. 예

4 2. 아니오

5 (yí)wàn (yī)qiān (yī)bǎi (yī)shí(yī)

연습 문제

녹음대본
❶ 36 三十六 ❷ 108 一百零八
❸ 111 一百一十一 ❹ 1000 一千
❺ 6060 六千零六十 ❻ 53089 五万三千零八十九

2 ① 她是你女朋友吗？
② 谁是汉语老师？
③ 你也二十/20(岁)。我们同岁。
④ 您多大年纪？

05 이것은 무엇인가요?

퀴즈

1 1. 这是什么？
2. 这是什么书？
3. 那是什么？
4. 那是什么书？

2 1. 那个
2. 那
3. 这个
4. 这

3 2. 남자 사람 친구

연습 문제

녹음대본
❶ shéi de shūbāo? ❷ wǒ tóngxué.
❸ lǎoshī de. ❹ wǒ de Hànyǔ shū.

2 ① 这(个)是谁的咖啡？
② 我喜欢我们学校。
③ 那(个)是我同学的。
④ 老师的书很/非常贵。

06 가족이 몇 명인가요?

퀴즈

1 2. 아니오

2 2. 两个姐姐

3 2. 아니오

연습 문제

녹음대본
❶ yǒu shénme rén? ❷ liǎng ge dìdi
❸ xiōngdì jiěmèi ❹ méiyǒu nǚpéngyou

2 ① 你家都有什么人？
② 奶奶、爸爸、妈妈和我。
③ 我朋友还没有男朋友。
④ 我有哥哥，没有弟弟。

07 어디에서 일하세요?

퀴즈

1 (명사)(일)你做什么工作？
(동사)(일하다)你在哪儿工作？

2 学生食堂的饭菜怎么样？

3 1. 中饭
2. 午饭

4 1. 경성

5 2. 아니오

연습 문제

녹음대본	
❶ shénme gōngzuò?	❷ dàxué yīyuàn
❸ zài xuésheng shítáng	
❹ hái kěyǐ, bú tài	

2 ① 你姐姐做什么工作？

② 她是公务员。

③ 我不工作，我是学生。

④ 你们在哪儿吃饭？

08 오늘은 몇 월 며칠인가요?

퀴즈

1 3. 六月二十五号

2 A: (我们学校 的生日)几月几号？

B: (四) 月 (二十八) 号。

3 一会儿见！

4 我爱你！

연습 문제

녹음대본	
❶ jǐ yuè jǐ hào?	❷ wǒ māma de shēngrì
❸ méiyǒu zhuānyè kè	❹ yìqǐ chī fàn

2 ① 昨天几月几号/日？

② 下课以后，一起喝咖啡吧。

③ 我明天有专业课。

④ 今天是我朋友的生日。

09 몇 시에 수업하나요?

퀴즈

1 和

2 汉语口语课

3 2. 2시간 45분

4 2. 아니오

5 (二零二二)年(二)月(二十二)日星期(二)

晚上(十)点(二十二)分

연습 문제

녹음대본	
❶ chà shí'èr fēn yī diǎn	❷ liù diǎn sān kè
❸ shí'èr diǎn líng qī fēn	❹ bā diǎn bàn

2 ① 你几点开始上课？

② 我跟/和朋友有约。

③ 你什么时候下课？

④ 我很/非常喜欢吃韩国料理。

10 모두 얼마예요?

퀴즈

1 1. 两块(钱)一斤

2. 一斤两块(钱)

2 再便宜(一)点儿吧。

3 1. 几

4 2. 多少

연습 문제

녹음대본	
❶ 二十八块二	28.2元
❷ 一百零五块	105元
❸ 三块九毛七	3.97元
❹ 三十六块零六	36.06元
❺ 十五块六	15.6元

❻ 八百零八块零八　　808.08元

2 ① 西瓜一斤多少钱？/西瓜多少钱一斤？
② 我想买一个手机。
③ 太贵了，便宜（一）点儿吧。
④ 两杯咖啡，一杯饮料，一共多少钱？

11 은행이 어디에 있나요?

퀴즈

1 哪里
2 1. 我六点三十分学习。나는 6시 30분/6시 반/6:30분에 공부한다.
2. 我学习三十分钟。 나는 30분 동안 공부한다.
3 1. 不在
4 2. 没有

연습 문제

녹음대본	
❶ 请问，在	❷ 旁边
❸ 有书店	❹ 就在
❺ 你	❻ 不用谢

2 ① 银行在学生食堂旁边。
② 书店就在图书馆对面。
③ 请问，洗手间在哪儿？/哪里？
④ 一直往前走。

12 마포더우푸 하나 주세요!

퀴즈

1 今天我请你们吃中国菜。
2 1. 一个麻婆豆腐、一个西红柿炒鸡蛋和两碗米饭。
3 2. 要什么饮料？

연습 문제

녹음대본	
❶ 服务员，点菜！	❷ 要点
❸ 一个，两碗	❹ 还要别的
❺ 再来	❻ 稍等

2 ① 我们去学校附近的饭馆儿吧。
② 下次(你)请我吃韩国菜/料理。
③ (你们/您)要点什么菜？
④ 好的，请稍等。

워크북 답안

01 안녕하세요!

STEP2

A 你好！
B 早上好！
A 再见！
B 明天见！

A 谢谢！
B 不客气！
A 对不起！
B 没关系！

STEP3

① 大家好！
② 老师，对不起！
③ 早上好！
④ 明天上午见！
⑤ 老师，您好！
⑥ 谢谢大家！

02 요즘 어떻게 지내시죠?

STEP2

A 你好吗？
B (我)很好。你呢？
A 我也很好。你最近忙吗？
B 非常忙。

A 你最近怎么样？
B 还可以。

A 你学习累吗？
B 不太累。

STEP3

① 你最近好吗？
② 我学习不太忙，你呢？
③ 我不累，也不忙。
④ 我很饱，也很困。
⑤ 我不饿，(我)很饱。
⑥ 我最近很高兴。

03 이름이 어떻게 되세요?

STEP2

A 老师，您贵姓？
B 我姓刘。你叫什么名字？
A 刘老师好！我姓金，叫金秀炫。
B 你好！认识你，很高兴。

A 你是哪国人？
B 我是韩国人。
A 她们也是韩国人吗？
B 不是，她们都是日本人。

STEP3

① 认识你，很高兴！
② 你们老师是哪国人？
③ 你叫什么(名字)？
④ 他是中国人，不是美国人。
⑤ 她是中国老师吗？
⑥ 我们也都喜欢汉语。

04 올해 나이가 어떻게 되세요?

STEP2

A 周英，你今年多大？
B 我今年二十一岁。你多大？
A 我也二十一。
B 真好！我们同岁。

A 他是谁？
B 他是我朋友。
A 是你男朋友吗？
B 不是，只是普通朋友。

STEP2

① 你们老师是谁？
② 谁是老师？谁是学生？
③ 他是谁？是你男朋友吗？
④ 你朋友今年多大？
⑤ 他今年几岁？
⑥ 他不是我男朋友，只是普通朋友。

05 이것은 무엇인가요?

STEP2

A 这是什么？
B 这是书，是我们的汉语书。
A 这是谁的书？
B 不是我的，是我同学的。

A 那个是你的手机吗？
B 对，是我的手机。
A 你的手机贵吗？
B 我的手机非常贵。

STEP3

① 这(个)是我的手机。
② 那(个)是我朋友的英语书。
③ 你们都是韩国人，对吗？
④ 我们是同学，我们同岁。
⑤ 老师的书怎么样？
⑥ 我的手机很好，也很贵。

06 가족이 몇 명인가요?

STEP2

A 你家有几口人？
B 我家有四口人。
A 你家都有什么人？
B 爸爸、妈妈、哥哥和我。

A 你有兄弟姐妹吗？
B 我有一个姐姐。
A 你姐姐有男朋友吗？
B 她还没有男朋友。

STEP3

① 我姐姐家有三口人。
② 我有两个哥哥。
③ 我没有弟弟，有一个妹妹。
④ 我哥哥还没有女朋友。
⑤ 我有两本书，都是汉语书。
⑥ 我有学生证，这(个)是我的学生证。

07 어디에서 일하세요?

STEP2

A 你哥哥做什么工作？
B 他是医生。

A 他真厉害！他在哪儿工作？
B 他在大学医院工作。

A 中午你在哪儿吃饭？
B 一般在学生食堂吃。
A 饭菜贵不贵？
B 还可以，不太贵。

STEP3

① 这是我的工作，你做什么工作？
② 我爸爸是医生，非常忙。
③ 这儿/这里是医院，我哥哥在这儿/这里工作。
④ 我的手机很一般/普通，不太贵。
⑤ 你一般在哪儿学习汉语？
⑥ 我们学校的食堂有两个。

08 오늘은 몇 월 며칠인가요?

STEP2

A 今天几月几号？
B 五月二十号。
A 你的生日几月几号？
B 下个月二十五号。

A 今天星期几？
B 星期三。你下午有课吗？
A 没有。你呢？
B 我一会儿有专业课。
A 那下课以后，一起吃饭吧。
B 好的。

STEP3

① 这个月21号是我的生日。
② 你的专业是什么？
③ 我一会儿有汉语课。
④ 吃饭以后，一起喝咖啡吧。
⑤ 下课以后，我一般在学校学习。
⑥ 我星期二上午有课，下午没有课。

09 몇 시에 수업하나요?

STEP2

A 现在几点？
B 差十分六点。
A 你几点跟朋友有约？
B 六点半，我跟朋友去吃韩国料理。

A 你今天有没有课？
B 有，我有汉语口语课。
A 几点开始上课？
B 下午三点开始。
A 什么时候下课？
B 五点三刻。

STEP3

① 我星期一有汉语口语课。
② 我星期二九点上专业课。
③ 我今天十二点下课，一会儿见！
④ 你什么时候开始学习？
⑤ 我跟好朋友一起去吃中国料理。
⑥ 今天下午六点，我跟朋友有约。

10 모두 얼마예요?

STEP2

A 西瓜一斤多少钱？
B 一斤两块八。
A 苹果怎么卖？
B 两块钱一斤。

A 半个西瓜、一斤苹果，一共多少钱？
B 一共十九块六。

A 您好！您要买什么？
B 我想买一个手机。
A 这个怎么样？
B 不错，多少钱？
A 九百八十块。

STEP3

① 太贵了，便宜(一)点儿吧。
② 好，那九百块吧。
③ 你们喜欢西瓜吗？
④ 我要买一本汉语书，多少钱？
⑤ 那衣服不错，我想买。
⑥ 两杯咖啡，一杯奶茶，一共多少钱？

11 은행이 어디에 있나요?

STEP2

A 请问，银行在哪儿？
B 在学生食堂旁边。
A 那附近有书店吗？
B 有，就在银行对面。

A 请问，你知道这超市吗？
B 知道，就在这儿附近。
A 那去超市怎么走？
B 一直往前走。
A 远吗？
B 不太远，走五分钟吧。

STEP3

① 请问，图书馆在哪儿/哪里？
② 超市就在咖啡厅旁边。
③ 书店在银行对面，很远。
④ 请问，你知道这儿/这里吗？
⑤ 对不起！我不知道。
⑥ 要去学生食堂，一直往前走。

12 마포더우푸 하나 주세요!

STEP2

A 今天中午你想吃什么？
B 我想吃中国菜。
A 我们去学校附近的饭馆儿吧。
B 好。那儿的菜特别好吃。

A 服务员，点菜！
B 你们要点什么菜？
A 来一个麻婆豆腐和一个西红柿炒鸡蛋。
B 还要别的吗？
A 再来两碗米饭吧。
B 好的，请稍等。

STEP3

① 我们学校食堂的菜特别好吃。
② 我们去学校附近的咖啡厅吧。
③ 今天是我的生日，我请客。
④ 那下次我请你看电影。
⑤ 来两瓶可乐和一瓶啤酒。
⑥ 我(很)喜欢中国菜(料理)，特别喜欢麻婆豆腐。

단어 색인

취미 중국어

워크북

01 안녕하세요!

STEP1 간체자를 올바르게 써 보세요.

你 nǐ 너	你					
	你					
	nǐ					
	너					
好 hǎo 좋다; 안녕하다	好					
	好					
	hǎo					
	좋다; 안녕하다					
早上 zǎoshang 아침	早					
	早上					
	zǎoshang					
	아침					
再 zài 또, 다시	再					
	再					
	zài					
	또, 다시					
见 jiàn 만나다	见					
	见					
	jiàn					
	만나다					

明天 míngtiān 내일	明 天 天→天 두 개 가로획의 길이가 달라요						
		明天					
		míngtiān					
		내일					
谢谢 xièxie 감사합니다	谢						
		谢谢					
		xièxie					
		감사합니다					
不客气 bú kèqi 천만에요	客 气						
		不客气					
		bú kèqi					
		천만에요					
对不起 duìbuqǐ 미안합니다	对 起						
		对不起					
		duìbuqǐ					
		미안합니다					
没关系 méi guānxi 괜찮습니다	关 关→关 머리 부분 개방하는 방향이 달라요 系 系→系 아래 중간 세로획에 갈고리가 있어요						
		没关系					
		méi guānxi					
		괜찮습니다					

STEP2 한어병음이나 한국어를 보고 한자를 써 보세요.

회화 ❶

A Nǐ hǎo ! ( )

B Zǎoshang hǎo! ( )

A Zài jiàn ! ( )

B Míngtiān jiàn ! ( )

회화 ❷

A 고마워! ( )

B 천만에! ( )

A 미안해! ( )

B 괜찮아! ( )

STEP3 다음 한국어 문장을 중국어로 번역해 보세요.

① 여러분, 안녕하세요!

....!

② 선생님, 죄송합니다!

....!

③ 좋은 아침!

....!

④ 내일 오전에 만나!

....!

⑤ 선생님, 안녕하세요!

....!

⑥ 여러분, 감사합니다!

....!

02 요즘 어떻게 지내시죠?

STEP1 간체자를 올바르게 써 보세요.

很 hěn hěn	很					
	很					
	hěn					
	hěn					
呢 ne 의문을 나타냄	呢					
	呢					
	ne					
	의문을 나타냄					
也 yě ~도, 또한	也					
	也					
	yě					
	~도, 또한					
忙 máng 바쁘다	忙					
	忙					
	máng					
	바쁘다					
非常 fēicháng 대단히, 매우	非 非→非 常					머리 부분은 가운데부터 시작해요
	非常					
	fēicháng					
	대단히, 매우					

最近 zuìjìn 최근, 요즘	最 近 近→近					
	最近					
	zuìjìn					
	최근, 요즘					
怎么样 zěnmeyàng 어떻다	怎 样			心자의 점은 왼쪽, 가운데와 오른쪽에 있어요		
	怎么样					
	zěnmeyàng					
	어떻다					
还可以 hái kěyǐ 그럭저럭, 괜찮다	还 以					
	还可以					
	hái kěyǐ					
	그럭저럭, 괜찮다					
学习 xuéxí 학습(하다)	学			머리 부분은 왼쪽부터 시작해요		
	学习					
	xuéxí					
	학습(하다)					
累 lèi 피곤하다	累 累→累			아래 중간 세로획에 갈고리가 있어요		
	累					
	lèi					
	피곤하다					

STEP2 한어병음이나 한국어를 보고 한자를 써 보세요.

회화 ❶

A Nǐ hǎo ma? ( )

B (Wǒ) Hěn hǎo. nǐ ne? ( )

A Wǒ yě hěn hǎo. Nǐ zuìjìn máng ma? ( )

B Fēicháng máng. ( )

회화 ❷

A 너는 요즘 어떻게 지내니? ( )

B 그냥 그래. ( )

A 너 공부는 힘들니? ( )

B 별로 힘들지 않아. ( )

STEP3 다음 한국어 문장을 중국어로 번역해 보세요.

① 너는 요즘 잘 지내니?

....?

② 나 공부는 별로 바쁘지 않아, 너는?

....?

③ 나 힘들지도 않고 바쁘지도 않아.

....

④ 나 배 부르고, 졸리기도 해.

....

⑤ 나 배 고프지 않고, 배불러.

....

⑥ 나 요즘 기분이 아주 좋아.

....

STEP1 간체자를 올바르게 써 보세요.

贵 guì 귀하다	贵	재물 관련되니 아래 부분 조개 贝자이에요			
	贵				
	guì				
	귀하다				
姓 xìng 성이~이다	姓				
	姓				
	xìng				
	성이~이다				
叫 jiào (이름을)~라고 부르다	叫 叫→叫	오른쪽 부분이 왼쪽으로 뻗어나가지 않아요			
	叫				
	jiào				
	(이름을)~라 고 부르다				
名字 míngzi 이름	名 字				
	名字				
	míngzi				
	이름				
认识 rènshi (사람을) 알다	识				
	认识				
	rènshi				
	(사람을) 알다

高兴 gāoxìng 기쁘다	高					
	高兴					
	gāoxìng					
	기쁘다					
是 shì ~이다	是					
	是					
	shì					
	~이다					
哪 nǎ 어느, 어떤	哪 哪→哪 가운데 부분이 오른쪽으로 뻗어나가지 않아요					
	哪					
	nǎ					
	어느, 어떤					
韩国 Hánguó 한국	韩 国					
	韩国					
	Hánguó					
	한국					
都 dōu 모두, 전부	都 都→都 왼쪽 부분 점 하나 없어져요					
	都					
	dōu					
	모두, 전부					

STEP2 한어병음이나 한국어를 보고 한자를 써 보세요.

회화 ❶

A Lǎoshī, nín guì xìng? ( )

B Wǒ xìng Liú. Nǐ jiào shénme míngzi? ( )

A Liú lǎoshī hǎo! Wǒ xìng Jīn, jiào Jīn Xiùxuàn. ( )

B Nǐ hǎo! Rènsi nǐ, hěn gāoxìng. ( )

회화 ❷

A 너는 어느 나라 사람이에요? ( )

B 저는 한국인이에요. ( )

A 그녀들도 한국인이에요? ( )

B 아니요. 그녀들은 모두 일본인이에요. ( )

STEP3 다음 한국어 문장을 중국어로 번역해 보세요.

① 만나서 반가워!

....!

② 너희 선생님은 어느 나라 사람이에요?

....?

③ 이름은 무엇입니까?

....?

④ 그는 중국 사람이고 미국 사람이 아니야.

....

⑤ 그녀는 중국인 선생님이세요?

....?

⑥ 우리 또한 모두 중국어를 좋아한다.

....

04 올해 나이가 어떻게 되세요?

STEP1 간체자를 올바르게 써 보세요.

今年 jīnnián 올해	今 今→今 중간에 획이 아니라 점이에요 年 두 번째 가로획은 왼쪽으로 뻗어나가지 않아요					
	今年					
	jīnnián					
	올해					
岁 suì 살, 세	岁					
	岁					
	suì					
	살, 세					
年纪 niánjì 나이, 연령	纪					
	年纪					
	niánjì					
	나이, 연령					
真 zhēn 정말, 진짜	真 가운데 가로획 3개가 있어요					
	真					
	zhēn					
	정말, 진짜					
同岁 tóngsuì 동갑이다	同					
	同岁					
	tóngsuì					
	동갑이다					

谁 shéi 누구, 누가	谁					
	谁					
	shéi					
	누구, 누가					

朋友 péngyou 친구	朋					
	朋友					
	péngyou					
	친구					

男 nán 남자	男					옛적에 남자가 경작을 하죠? 어디서... 밭에서⇨田+力=男
	男					
	nán					
	남자					

普通 pǔtōng 보통이다	普 通 通→通					왼쪽에 점 하나만 있어요
	普通					
	pǔtōng					
	보통이다					

零 líng 0, 영	零 零→零					
	零					
	líng					
	0, 영					

STEP2 한어병음이나 한국어를 보고 한자를 써 보세요.

회화 ❶

A Zhōuyīng, nǐ jīnnián duō dà? ( )

B Wǒ jīnnián èrshíyī suì. Nǐ duō dà? ( )

A Wǒ yě èrshíyī. ( )

B Zhēn hǎo! Wǒmen tóngsuì. ( )

회화 ❷

A 그는 누구니? ( )

B 그는 내 친구야. ( )

A 너의 남자 친구니? ( )

B 아니, 단지 보통 친구야. ( )

STEP3 다음 한국어 문장을 중국어로 번역해 보세요.

① 너희 선생님은 어느 분이세요?

....?

② 누가 선생님이고, 누가 학생이에요?

....?

③ 그는 누구니? 너의 남자친구니?

....?

④ 너 친구는 올해 나이가 어떻게 돼?

....?

⑤ 그 아이는 올해 몇 살이니?

....?

⑥ 그는 나의 남자 친구가 아니고 그냥 보통 친구야.

....

05 이것은 무엇인가요?

STEP1 간체자를 올바르게 써 보세요.

这 zhè 이(것); 이 사람	这					
	这					
	zhè					
	이(것); 이 사람					
汉语 Hànyǔ 한어, 중국어	汉 语				왼쪽에 삼수변은 물을 의미해요	
	汉语					
	Hànyǔ					
	한어, 중국어					
那 nà 저(것); 저 사람	那 那→那					
	那					
	nà					
	저(것); 저 사람					
手机 shǒujī 휴대폰	手 机					
	手机					
	shǒujī					
	휴대폰					
英语 Yīngyǔ 영어	英					
	英语					
	Yīngyǔ					
	영어					

书包 shūbāo 책가방	书 包					
	书包					
	shūbāo					
	책가방					
咖啡 kāfēi 커피	咖					
	咖啡					
	kāfēi					
	커피					
笔 bǐ 필기구	笔 붓은 옛날 대나무에 털을 꽂아 만든 것이에요 竹 + 毛 = 笔					
	笔					
	bǐ					
	필기구					
奶茶 nǎichá 밀크 티	奶 奶茶 茶→茶 오른쪽 아래 부분 갈고리가 있어요					
	奶茶					
	nǎichá					
	밀크 티					
学校 xuéxiào 학교	校 校→校 오른쪽 아래 부분 乂자에 점이 없어요					
	学校					
	xuéxiào					
	학교					

STEP2 한어병음이나 한국어를 보고 한자를 써 보세요.

회화 ❶

A Zhè shì shénme? ( )

B Zhè shì shū, shì wǒmen de Hànyǔ shū. ( )

A Zhè shì shéi de shū? ( )

B Bú shì wǒ de, shì wǒ tóngxué de. ( )

회화 ❷

A 저것은 너의 핸드폰이니? ( )

B 맞아, 나의 핸드폰이야. ( )

A 너의 핸드폰은 비싸니? ( )

B 나의 핸드폰은 아주 비싸. ( )

STEP3 다음 한국어 문장을 중국어로 번역해 보세요.

① 이것은 나의 핸드폰이야.

....。

② 저것은 내 친구의 영어 책이야.

....。

③ 너희들은 모두 다 한국 사람이다, 맞아요?

....?

④ 우리는 동창이고 우리는 동갑이야.

....。

⑤ 선생님의 책은 어때?

....?

⑥ 내 핸드폰은 좋기도 하고, 비싸기도 해.

....。

STEP1 간체자를 올바르게 써 보세요.

家 jiā 집	家 家→家 마지막 필획은 붙는 위치가 좀 달라요 옛적 집 갓머리 아래 돼지를 기르더니 宀 + 豕 = 家가 돼요	
	家 jiā 집	
有 yǒu 있다	有	
	有 yǒu 있다	
爸爸 bàba 아빠	爸 爸→爸 윗부분 父자 왼쪽에 점이 없어요	
	爸爸 bàba 아빠	
妈妈 māma 엄마	妈	
	妈妈 māma 엄마	
哥哥 gēge 형, 오빠	哥 哥→哥 위아래는 똑같지 않아요	
	哥哥 gēge 형, 오빠

兄弟 xiōngdì 형제	弟					
	兄弟					
	xiōngdì					
	형제					
姐妹 jiěmèi 자매	妹 오른쪽에 未자가 아닌 未자이에요					
	姐妹					
	jiěmèi					
	자매					
爱 ài 사랑; 사랑하다	爱 한국의 정자 愛와 많이 달라요					
	爱					
	ài					
	사랑; 사랑하다					
时间 shíjiān 시간	时 间					
	时间					
	shíjiān					
	시간					
钱 qián 돈	钱					
	钱					
	qián					
	돈					

STEP2 한어병음이나 한국어를 보고 한자를 써 보세요.

회화 ❶

A Nǐ jiā yǒu jǐ kǒu rén? ( )

B Wǒ jiā yǒu sì kǒu rén. ( )

A Nǐ jiā dōu yǒu shénme rén? ( )

B Bàba、māma、gēge hé wǒ. ( )

회화 ❷

A 너는 형제자매가 있니? ( )

B 나는 누나가 한 명 있어. ( )

A 너의 누나는 남자 친구가 있니? ( )

B 아직은 남자 친구가 없어. ( )

STEP3 다음 한국어 문장을 중국어로 번역해 보세요.

① 우리 언니네 세 식구가 있어.

....:

② 나는 오빠 둘이 있어.

....:

③ 나는 남동생이 없고, 여동생이 한 명 있어.

....:

④ 내 오빠는 아직 여자 친구가 없어.

....:

⑤ 나는 책 두 권 있고, 모두 다 중국어 책이야.

....:

⑥ 나는 학생증이 있고 이것은 내 학생증이야.

....:

07 어디에서 일하세요?

STEP1 간체자를 올바르게 써 보세요.

做 zuò 하다, 만들다	做 做 zuò 하다, 만들다
工作 gōngzuò 일, 일하다	作 工作 gōngzuò 일, 일하다
医生 yīshēng 의사	医 医生 yīshēng 의사
厉害 lìhai 대단하다	厉 안쪽에 만 万자이에요 害 害→害 厉害 lìhai 대단하다
医院 yīyuàn 병원	院 医院 yīyuàn 병원

中午 zhōngwǔ 점심	午 — 소 牛자와 달라요	中午 zhōngwǔ 점심
一般 yìbān 일반적으로	般	一般 yìbān 일반적으로
食堂 shítáng (교내)식당	食 — 食⇨饣, 음식과 관련된 한자가 이 부수를 사용해요 堂 — 머리 부분은 가운데부터 시작해요	食堂 shítáng (교내)식당
饭菜 fàncài 밥과 반찬	饭 菜 菜→菜 — 아래 부분 개방하는 방향이 달라요	饭菜 fàncài 밥과 반찬
喝 hē 마시다	喝	喝 hē 마시다

STEP2 한어병음이나 한국어를 보고 한자를 써 보세요.

회화 ❶

A Nǐ gēge zuò shénme gōngzuò? ( )

B Tā shì yīshēng. ( )

A Tā zhēn lìhai! Tā zài nǎr gōngzuò? ( )

B Tā zài dàxué yīyuàn gōngzuò. ( )

회화 ❷

A 점심에 너는 어디에서 밥을 먹니? ( )

B 보통 학생 식당에서 먹어. ( )

A 밥과 반찬 비싸니 안 비싸니? ( )

B 그냥 그래, 별로 비싸지 않아. ( )

STEP3 다음 한국어 문장을 중국어로 번역해 보세요.

① 이것은 내 일이고, 너는 무슨 일을 하니?

……………………………………………………?

② 내 아빠는 의사이시고 매우 바쁘셔.

…………………………………………………….

③ 여기는 병원이고 내 오빠는 여기서 일해.

…………………………………………………….

④ 내 핸드폰은 보통이야. 별로 비싸지 않아.

…………………………………………………….

⑤ 너는 보통 어디에서 중국어를 공부하니?

……………………………………………………?

⑥ 우리 학교 식당은 두 개가 있어.

…………………………………………………….

08 오늘은 몇 월 며칠인가요?

STEP1 간체자를 올바르게 써 보세요.

号 hào 일	号					
	号					
	hào					
	일					
星期 xīngqī 주, 요일	星 期					
	星期					
	xīngqī					
	주, 요일					
一会儿 yíhuìr 잠시 후	会					
	一会儿					
	yíhuìr					
	잠시 후					
专业 zhuānyè 전공, 학과	专 业					
	专业					
	zhuānyè					
	전공, 학과					
下课 xià kè 수업이 끝나다	课					
	下课					
	xià kè					
	수업이 끝나다					

以后 yǐhòu ~이후	后 以后 yǐhòu ~이후
一起 yìqǐ 같이, 함께	起 一起 yìqǐ 같이, 함께
前天 qiántiān 그저께	前 前→前 前天 qiántiān 그저께
昨天 zuótiān 어제	昨 昨天 zuótiān 어제
周末 zhōumò 주말	周 周→周 末 안쪽에 비슷해 보이지만 달라요 위 획은 아래 획보다 더 길어요 周末 zhōumò 주말

STEP2 한어병음이나 한국어를 보고 한자를 써 보세요.

회화 ❶

A Jīntiān jǐ yuè jǐ hào? ( )

B Wǔ yuè èrshí hào. ( )

A Nǐ de shēngrì jǐ yuè jǐ hào? ( )

B Xià ge yuè èrshíwǔ hào. ( )

회화 ❷

A 오늘은 무슨 요일이니? ( )

B 수요일이야. 너 오후에 수업이 있니? ( )

A 없어. 너는? ( )

B 나 이따가 전공 수업이 있어. ( )

A 그러면 수업 끝난 후, 같이 밥 먹자. ( )

B 좋아. ( )

STEP3 다음 한국어 문장을 중국어로 번역해 보세요.

① 이번 달 21일은 내 생일이야.

....。

② 너의 전공은 무엇이니?

....?

③ 난 이따가 중국어 수업이 있어.

....。

④ 식사하고 난 후에 같이 커피 마시자.

....。

⑤ 수업이 끝난 후 나 보통 학교에서 공부해.

....。

⑥ 난 화요일 오전에 수업이 있고 오후에 수업이 없어.

....。

09 몇 시에 수업하나요?

STEP1 간체자를 올바르게 써 보세요.

现在 xiànzài 현재, 지금	现	오른 쪽에 소리 나타내는 见자이에요
	现在 xiànzài 현재, 지금	
点 diǎn 시	点	점 4개 중, 앞 1개와 남은 3개의 방향은 달라요
	点 diǎn 시	
差 chà 부족하다, 모자라다	差 差→差	가운데 부분 쭉 내려와요
	差 chà 부족하다, 모자라다	
跟 gēn ~와/과	跟	
	跟 gēn ~와/과	
约 yuē 약속	约	
	约 yuē 약속	

半 bàn 반, 30분	半 半→半					위 부분 개방하는 방향이 달라요
	半					
	bàn					
	반, 30분					
开始 kāishǐ 시작하다	开 始					
	开始					
	kāishǐ					
	시작하다					
什么时候 shénme shíhou 언제	候					가운데 조금한 세로획도 있어요
	什么时候					
	shénme shíhou					
	언제					
刻 kè 15분	刻					
	刻					
	kè					
	15분					
睡觉 shuì jiào (잠을)자다	睡 觉					머리 부분은 왼쪽부터 시작해요
	睡觉					
	shuì jiào					
	(잠을)자다					

STEP2 한어병음이나 한국어를 보고 한자를 써 보세요.

회화 ❶

A Xiànzài jǐ diǎn? ( )

B Chà shí fēn liù diǎn. ( )

A Nǐ jǐ diǎn gēn péngyou yǒu yuē? ( )

B Liù diǎn bàn, wǒ gēn péngyou qù chī Hánguó liàolǐ.

( )

회화 ❷

A 너 오늘 수업이 있니 없니? ( )

B 있어. 나는 중국어 회화 수업이 있어. ( )

A 너 몇 시에 수업 시작해? ( )

B 오후 3시에 시작해. ( )

A 언제 수업이 끝나니? ( )

B 5시 45분이야. ( )

STEP3 다음 한국어 문장을 중국어로 번역해 보세요.

① 난 월요일에 중국어 회화 수업이 있어.

....。

② 나는 화요일 9시에 전공 수업을 들어.

....。

③ 난 오늘 12시에 수업이 끝나. 이따 봐!

....!

④ 너 언제 공부 시작하니?

....?

⑤ 나는 친한 친구와 같이 중국 요리를 먹으러 가.

....。

⑥ 오늘 오후 6시에 난 친구와 약속이 있어.

....。

10 모두 얼마예요?

STEP1 간체자를 올바르게 써 보세요.

西瓜 xīguā 수박	瓜					
	西瓜					
	xīguā					
	수박					
多少 duōshao 얼마	少 少→少　　가운데 갈고리가 없어요					
	多少					
	duōshao					
	얼마					
售货员 shòuhuòyuán 판매원	售 售→售　　상하구조이어서 왼쪽 사람인변 길게 쓰지 않아요 货　　화물/재물 관련되니 조개 贝자 들어가요					
	售货员					
	shòuhuòyuán					
	판매원					
苹果 píngguǒ 사과	苹 苹→苹　　아래 부분 개방하는 방향이 달라요					
	苹果					
	píngguǒ					
	사과					
卖 mài 팔다	卖					
	卖					
	mài					
	팔다					

想 xiǎng ~하고 싶다	想					
	想					
	xiǎng					
	~하고 싶다					
不错 búcuò 괜찮다, 좋다	错					
	不错					
	búcuò					
	괜찮다, 좋다					
便宜 piányi 싸다, 저렴하다	便 便→便 宜				오른쪽 아래 부분에 파임이 달라요	
	便宜					
	piányi					
	싸다, 저렴하다					
衣服 yīfu 옷	衣 服					
	衣服					
	yīfu					
	옷					
电视 diànshì 텔레비전	视 视→视				왼쪽 부수 점 하나만 있어요	
	电视					
	diànshì					
	텔레비전					

STEP2 한어병음이나 한국어를 보고 한자를 써 보세요.

회화 ❶

A Xīguā yì jīn duōshao qián? ( )

B Yì jīn liǎng kuài bā. ( )

A Píngguǒ zěnme mài? ( )

B Liǎng kuài qián yì jīn. ( )

A Bàn ge xīguā、yì jīn píngguǒ, yígòng duōshao qián?

( )

B Yígòng shíjiǔ kuài liù. ( )

회화 ❷

A 안녕하세요. 무엇을 사시겠습니까? ( )

B 저는 핸드폰 하나를 사려고 해요. ( )

A 이거 어때요? ( )

B 괜찮아요. 얼마예요? ( )

A 980위안이에요. ( )

STEP3 다음 한국어 문장을 중국어로 번역해 보세요.

① 너무 비싸요. 좀 깎아주세요.

....。

② 좋아요. 그럼 900위안으로 해드릴게요.

....。

③ 너희들은 수박을 좋아하니?

....?

④ 저는 중국어 책 한 권 사려고 하는데 얼마예요?

....?

⑤ 저 옷 괜찮아. 나는 (그것을)사고 싶어.

....。

⑥ 커피 두 잔, 밀크 티 한 잔, 모두 얼마예요?

....。

11 은행이 어디에 있나요?

STEP1 간체자를 올바르게 써 보세요.

请问 qǐngwèn 말씀 좀 묻겠습니다	请					오른쪽에 아랫부분이 가로획이 두 개 있어요
	请问					
	qǐngwèn					
	말씀 좀 묻겠습니다					
银行 yínháng 은행	银					
	银行					
	yínháng					
	은행					
旁边 pángbiān 옆, 근처	旁					
	旁边					
	pángbiān					
	옆, 근처					
附近 fùjìn 부근, 근처	附 近 近→近					왼쪽에 점 하나만 있어요
	附近					
	fùjìn					
	부근, 근처					
就 jiù 바로	就					
	就					
	jiù					
	바로					

知道 zhīdào 알다	道 道→道					
	知道					
	zhīdào					
	알다					
超市 chāoshì 슈퍼마켓	超 — 왼쪽에 走가 맞지만 오른쪽으로 길게 써요 市 市→市 — 연결하지 않고 점과 세로획이에요					
	超市					
	chāoshì					
	슈퍼마켓					
一直 yìzhí 곧바로, 계속	直 直→直 — 가운데 가로획 3개가 있어요					
	一直					
	yìzhí					
	곧바로, 계속					
分钟 fēnzhōng ~분 동안	钟					
	分钟					
	fēnzhōng					
	~분 동안					
图书馆 túshūguǎn 도서관	图 — 가운데 점 방향은 왼쪽에서 출발해요 馆					
	图书馆					
	túshūguǎn					
	도서관					

STEP2 한어병음이나 한국어를 보고 한자를 써 보세요.

회화 ❶

A Qǐngwèn, yínháng zài nǎr? ( )

B Zài xuésheng shítáng pángbiān. ( )

A Nà fùjìn yǒu shūdiàn ma? ( )

B Yǒu, jiù zài yínháng duìmiàn. ( )

회화 ❷

A 말씀 좀 묻겠습니다. 이 슈퍼마켓을 알아요? ( )

B 알아요. 바로 여기 근처에 있어요. ( )

A 그러면 슈퍼에 어떻게 가나요? ( )

B 앞으로 쭉 가세요. ( )

A 멀어요? ( )

B 별로 안 멀어요. 걸어서 5분이면 돼요. ( )

STEP3 다음 한국어 문장을 중국어로 번역해 보세요.

① 말씀 좀 묻겠습니다. 도서관이 어디에 있어요?

....?

② 슈퍼마켓은 바로 커피숍 옆에 있어.

....

③ 서점은 은행 맞은편에 있어. 좀 멀어.

....

④ 말씀 좀 묻겠습니다. 여기를 좀 아세요?

....

⑤ 죄송합니다! 저는 잘 몰라요.

....

⑥ 학생 식당에 가려면 앞으로 쭉 가세요.

....

12 마포더우푸 하나 주세요!

STEP1 간체자를 올바르게 써 보세요.

特别 tèbié 특별히, 아주	特 别 別→别 왼쪽 부분이 삐어나와요 特别 tèbié 특별히, 아주
好吃 hǎochī 맛있다	吃 好吃 hǎochī 맛있다
服务员 fúwùyuán 종업원	务 服务员 fúwùyuán 종업원
豆腐 dòufu 두부	腐 豆腐 dòufu 두부
鸡蛋 jīdàn 계란	鸡 蛋 鸡蛋 jīdàn 계란

碗 wǎn 공기, 그릇	碗					
	碗					
	wǎn					
	공기, 그릇					
稍等 shāo děng 잠깐 기다리다	稍 稍→稍 等 오른쪽 머리 부분 개방하는 방향이 달라요					
	稍等					
	shāo děng					
	잠깐 기다리다					
好玩儿 hǎowánr 재미있다	玩					
	好玩儿					
	hǎowánr					
	재미있다					
瓶 píng 병	瓶					
	瓶					
	píng					
	병					
啤酒 píjiǔ 맥주	啤 酒 오른쪽 안에 가로획 하나가 있어요					
	啤酒					
	píjiǔ					
	맥주					

STEP2 한어병음이나 한국어를 보고 한자를 써 보세요.

회화 ❶

A Jīntiān zhōngwǔ nǐ xiǎng chī shénme? ( )

B Wǒ xiǎng chī Zhōngguó cài. ( )

A Wǒmen qù xuéxiào fùjìn de fànguǎnr ba. ( )

B Hǎo. Nàr de cài tèbié hǎochī. ( )

회화 ❷

A 종업원, 주문할게요! ( )

B 무슨 요리를 주문하시겠어요? ( )

A 마포더우푸 하나, 시홍슬차오지단 하나 주세요. ( )

B 더 필요하신 것 없으세요? ( )

A 밥 두 공기 더 주세요. ( )

B 알겠습니다. 조금만 기다려 주세요. ( )

STEP3 다음 한국어 문장을 중국어로 번역해 보세요.

① 우리 학교 식당의 요리가 특히 맛있어.

....

② 우린 학교 근처의 커피숍에 가자.

....

③ 오늘은 내 생일이고 내가 (너에게)한턱낼게.

....

④ 그럼 다음에는 내가 영화 보여줄게.

....

⑤ 콜라 두 병과 맥주 한 병 주세요.

....

⑥ 나는 중국 요리를 좋아해, 특히 마포더우푸를 좋아해.

....

| 지은이 소개 |

리우 나 刘娜

現) 성신여자대학교 중국어문·문화학과 조교수

연세대학교 대학원 중어중문학과 박사

연세대학교 대학원 중어중문학과 석사

吉林大学 朝文系 학사

취미 중국어

2023. 2. 28. 1판 1쇄 발행

2023. 8. 16. 1판 2쇄 인쇄

2023. 8. 30. 1판 2쇄 발행

지은이 리우 나(刘娜) **녹음** 陈华 刘娜 遇美宏

발행인 김미화 **발행처** 인터북스

주소 경기도 고양시 덕양구 통일로 140 삼송테크노밸리 A동 B224

전화 02.356.9903 **팩스** 02.6959.8234 **이메일** interbooks@naver.com

홈페이지 hakgobang.co.kr **출판등록** 제2008-000040호

ISBN 979-11-981749-0-1 93720 **정가** 14,000원

■ 파본은 교환해 드립니다.